Mario Cesca

MANOVRA E MARINERIA

Youcanprint Self-Publishing

Titolo | Manovra e Marineria
Autore | Mario Cesca
Immagine di copertina a cura dell'Autore
ISBN | 978-88-91131-71-3

Youcanprint Self-Publishing
Via Roma, 73 - 73039 Tricase (LE) - Italy
www.youcanprint.it
info@youcanprint.it
Facebook: facebook.com/youcanprint.it
Twitter: twitter.com/youcanprintit

L'AUTORE:

Sono nato a duecento metri dal porto di Monfalcone (Italy). Da piccolo seguivo le manovre di attracco delle navi e le evoluzioni dei rimorchiatori, con un binocolo, dall' abbaino della soffitta.

A 13 anni, comprai assieme al mio amico e socio la prima barca, un sandolino a pagaie per la cifra di tremila lire (30 euro?).

Per capirsi due metri e mezzo per sessanta centimetri di larghezza.

L'anno dopo con l'aiuto di mio padre ci montammo un motore a quattro tempi tolto da un ciclomotore. Volava ed era il massimo della libertà.

A diciannove anni assieme a due amici acquistai una barca a vela di legno di cinque metri. Questa piccola barca aveva 23 anni e di conseguenza anche le sue vele avevano la stessa età e sebbene fossero di cotone egiziano"Mako" erano praticamente inservibili. Poiché mi piaceva fare le regate, non avendo soldi, mi feci le vele in "telo agricolo" (la plastica trasparente per le serre), senza cuciture con i ferzi tenuti insieme con il nastro adesivo. Era il 1962. Queste vele trasparenti e con il nastro rosso e giallo, fecero molto scalpore al circolo della vela, i più anziani se ne ricordano ancora anche perché in regata arrivammo quarti.

Poi ebbi problemi con il motore, un residuato della seconda guerra mondiale, da raffreddato ad aria lo trasformai in raffreddato ad acqua dolce, lo scambiatore era un tubo di rame che andava sotto la chiglia e ritornava in barca a raffreddare il motore.

La prima barca da crociera, Il "Betelgeuse", fu un sei metri e mezzo del cantiere francese "CNSO", con la quale feci, con mia moglie, la prima crociera meravigliosa in Croazia, solo che non aveva il w.c., grosso problema! Be se è per quello non aveva neanche il GPS ,l'Eco ,il log, gli strumenti del vento, il VHF, il frigo, il tender e l'autogonfiabile. ecc.. Avevamo una sola carta nautica che non copriva nemmeno la metà del percorso fatto, in una zona della Croazia, con una ventina di isole ed altrettante secche, all'epoca non segnalate.

Dalla prima barca ad oggi, la decima, sono passati molti anni, 57!! ma non è detto che l'attuale sia l'ultima, anzi.

Buon vento a tutti.

Mario Cesca

CAPITOLO PRIMO: La crociera

Sopra ogni cosa l'uomo ha sempre ricercato la libertà in ogni sua sfaccettatura. Poche sono le cose che la trasmettono così intensamente come quella di andare per mare.

In questa vita così caotica di oggi, il sogno della maggior parte degli uomini, soprattutto di quelli che vivono sulla costa, è quello di possedere una barca, a vela o motore che sia. Se riescono a possederla però molto spesso se ne vanno per mare senza un minimo di esperienza ne per quel che riguarda la navigazione ne per la tecnica ne per l'educazione Dopo quaranta anni di crociere ed aver visto di tutto nelle varie baie, nei porticcioli e nelle marine, ho deciso di scrivere questo libro, per insegnare con molta modestia, il modo di condurre un imbarcazione a vela o a motore in modo corretto per poter godere dei piaceri di una crociera. Sono convinto che solo se le persone conosceranno a fondo le varie manovre potranno fare con il minimo sforzo e la massima sicurezza una bella e piacevole vacanza.

Molti proprietari di barca si affannano durante l'inverno a studiare rotte e a leggere portolani, ma solo l'esperienza darà la certezza della piacevolezza del posto o del buon ristorante o anche della buona compagnia. Certo le carte e il portolano aiutano e vanno assolutamente consultati assieme al meteo, prima di partire.

Non si dovrà mai avere l'ansia di mantenere una tabella di marcia poiché con il bel tempo, con vento moderato e mare liscio potremo fare in un giorno con una barca di media grandezza 40-50 miglia senza stancarci troppo, ma se il tempo è minaccioso e il mare formato, anche solo 10 miglia possono essere pesanti. Se poi avremo difficoltà a trovare un posto in porto e non avremo spazi per mettere un' ancora in modo sicuro, ci rovineremo certamente la giornata.

Un altro errore dei principianti è quello di aggregarsi ad altre barche per avere un supporto dall'esperienza degli altri, ma attenzione a non voler correre dietro a barche più grandi o più veloci della vostra, sareste sempre in affanno. Con vento un po' più forte, in poco tempo, gli altri, saranno un puntino all' orizzonte. Se li chiamerete con il VHF non rallenteranno certo la loro piacevole veleggiata ne potranno capire la vostra ansia e questo sarà la fine di una amicizia (o presunta tale).

Prima di una navigazione lunga o corta che sia, preoccupatevi di conoscere le previsioni del tempo alla sera e poi ricontrollatele alla mattina. Consultando la carta non preoccupatevi solo di dove vorreste arrivare ma cercate rifugi possibili dove riparare in caso di peggioramento o di guasti eventuali. Vanno presi in considerazione naturalmente solo quelli protetti dal vento e dal mare che si formerà con il brutto tempo. Talvolta a causa del maltempo si è costretti e rimanere per giorni in una baia deserta. Dobbiamo pertanto avere sempre una abbondante scorta di nafta, acqua e una cambusa ben rifornita.

La crociera normalmente si fa con la propria famiglia, e quindi non certo con un equipaggio di esperti. La pazienza dovrà essere molta, anche se purtroppo ciò non avviene molto spesso. Si vedono certe scene in giro per le baie, da raddrizzare i capelli. Questo succede per l'insicurezza e la paura del proprietario e quindi skipper della barca. Tutto ciò è capibile, perché l'equipaggio (moglie e figli soprattutto se piccoli) non sa mai cosa fare. Un po' di piccole dritte il proprietario dovrebbe darle a tutti, sarebbe sensato ed opportuno. Talvolta succede che durante le manovre i meno esperti pur di aiutare corrono per la coperta con il rischio di farsi male, e fanno continue domande inutili allo skipper, i nodi che fanno non sono affidabili, ma soprattutto creano confusione, nervosismo e distraggono in un momento critico.

Non vi sono limiti alle dimensioni della barca che si può portare in due persone, molto dipende dal tipo e dall'attrezzatura della barca, dalle condizioni del tempo, dalla fisicità dell'equipaggio ma soprattutto: <u>dalla preparazione e dall'esperienza.</u>

Ho visto più volte barche a vela di16-17metri portate da equipaggi di due ultra ottantenni. In genere si aiutano con un solo winch elettrico. Sono sempre personaggi con grande esperienza. L'esperienza però può essere sopperita dalla preparazione per questo vi consiglio i buoni libri e anche un buon corso di vela e uno specifico di manovra.

CAPITOLO SECONDO

Le eliche di propulsione e di manovra.

Effetto evolutivo dell'elica.

Per poter fare correttamente le manovre a motore, bisogna conoscere
l'effetto evolutivo che è un comportamento tipico di tutte le eliche.
Vediamo ad esempio l'elica fissa a
due pale in Fig. 2.1
La pala superiore ruotando in senso
orario, sviluppa una forza F ortogonale alla pala stessa, che si scompone in spinta propulsiva P e in una
forza dovuta all'attrito con l'acqua T,
perpendicolare all'asse.
Lo stesso vale per la pala inferiore
F' si scompone in P' e T'. Le due
pale lavorano a profondità molto

Rotazione destrorsa

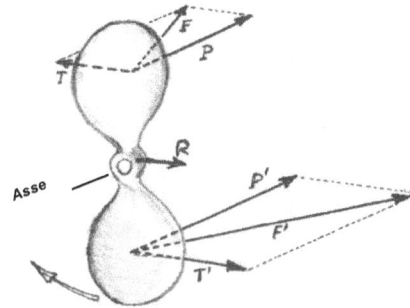

Fig. 2.1

diverse rispetto al pelo d'acqua e la forza F'(pala più immersa) è superiore a F (pala poco immersa). Di conseguenza anche le due forze ortogonali all'asse, T e T' sono diverse e di direzione opposta, la risultante è una
forza R = T-T'.
Questa forza spinge di lato l'elica e di conseguenza tutta la poppa.
In marcia avanti l'elica destrorsa spinge a dritta ma il timone colpito dal
flusso neutralizza facilmente questa forza. In marcia indietro invece il flusso non va a colpire il timone e la forza R spinge la poppa verso sinistra in
modo evidente. Se la barca ha poco o niente abbrivio il timone non potrà
correggere in nessun modo tale effetto e la barca sposterà inesorabilmente la poppa a sinistra facendo ruotare la barca. Solo quando avremo acquistato dell'abbrivio il timone potrà neutralizzare l'effetto e poi correggere
la direzione.
Non ha molta importanza conoscere se l'elica ruota destrorsa o sinistror-
sa e i relativi effetti, ciò può servire nelle discussioni di banchina tra
skipper. L'importante è sapere che questo effetto è presente su tutte le
barche, e avere sempre presente da che parte "tira"e quanto, la nostra
barca in retromarcia. Di conseguenza avremo un lato d'accosto favorevole e uno sfavorevole. Molti proprietari di barche si lamentano che la loro
barca è ingovernabile in retromarcia, in realtà non conoscono a fondo il
problema, basta impostare la manovra con un angolo sufficiente a compensare l'effetto evolutivo dell'elica. Bisogna dare motore indietro,allegro,
per pochi secondi fino a prendere abbrivio con barra al centro, poi si può

mettere in folle e correggere la rotta con piccoli angoli di barra (a motore in folle non esiste l'effetto evolutivo) quando la barca è ben impostata nella direzione giusta, si può ridare motore (1200 giri). Il timone, essendo la barca abbrivata, potrà contrastare con efficacia le forze devianti (elica ,vento, corrente), attenzione non date troppa barra perché rallentereste la barca e non date troppo motore perché in retromarcia il timone, aumentando la velocità, può diventare talmente pesante da essere ingovernabile e rischiereste di perdere il controllo.

I vari tipi di eliche:

A pale fisse.

In questo caso le pale sono fissate al mozzo, in modo permanente senza possibilità di cambiare il passo e non è possibile mutare forma od orientamento per offrire una minore resistenza all'avanzamento. Possono essere a due o più pale. L'elica a tre pale, dà una maggiore spinta, rispetto a quella a due e questo vantaggio si apprezza in condizioni di vento o mare contro oltre che nelle manovre in porto. Andando a vela però, l'elica a tre pale fissa, offre una resistenza all'avanzamento superiore, rispetto ad una a due pale. In entrambi i casi, andando a vela, bloccando la rotazione dell'asse si riducono: la resistenza all'avanzamento, le vibrazioni, il rumore dell'elica che ruota e l'inutile consumo di cuscinetti e tenute. Questo tipo d'eliche, è semplice, robusto e poco costoso (un decimo rispetto a una a pale orientabili). Le pale hanno un profilo asimmetrico, simile al profilo dell'ala dell'aereo con un bordo d'entrata ed uno d'uscita, studiato per ottenere il massimo rendimento possibile in marcia avanti. Durante la retromarcia, questo tipo d'elica ruota rovescia e quindi il flusso dell'acqua colpisce un profilo rovescio, di conseguenza il rendimento è penalizzato.

A pale abbattibili.

Questa elica in gergo è chiamata "paperina" perché quando è chiusa, assomiglia al becco di una papera. Ha le pale snodate e quando si blocca l' asse, Il flusso dell'acqua le fa chiudere, offrendo così una resistenza all'avanzamento veramente bassa. Chiusa riduce del 90% il trascinamento. Fig. 2.2
Il loro rendimento in marcia avanti è simile a quello di un'elica a pale fisse. Il rendimento a marcia indietro è

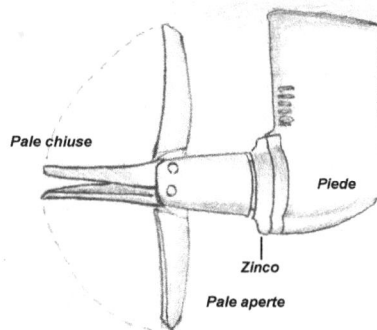

Pale chiuse

Piede

Zinco

Pale aperte

Fig. 2.2

simile a quello dell'elica a pale fisse, ma le eliche a passo modificabile danno dei tempi di arresto, migliori del 45%.

Con le eliche abbattibili, quando si passa da navigazione a motore a quella a vela, si deve bloccare la rotazione dell'asse, infatti mettendo il motore in folle, l'elica aperta e in rotazione, non può fermarsi in quanto il movimento della barca la mantiene in rotazione e la forza centrifuga impedisce alle pale di chiudersi. Basta inserire la marcia indietro per alcuni secondi, la rotazione viene bloccata, l'azione dell'acqua sulle pale ferme le fa chiudere. Poi, per ragioni di sicurezza, si deve rimettere in folle, altrimenti al prossimo avviamento ci troveremo con la marcia indietro inserita.

Per aumentare la durata di queste eliche, conviene lubrificare annualmente le parti snodate, con grasso blu marino. Se siete abituati ad andare sotto acqua, potete ingrassare l'elica in apnea senza problemi.

Per motivi di sicurezza va bloccato con il "frena filetti", il grano che fissa il dado dell'asse e i grani che tengono al loro posto i perni di snodo, altrimenti si rischia di perdere l'elica o una pala. Si raccomanda di sgrassare bene i grani e le filettature con dei solventi forti tipo: nitro o trielina prima di usare il "frena filetti".

A pale orientabili,(a passo modificabile)

Queste eliche mettono le pale in bandiera, quando si procede a vela, offrendo così, una sezione minima, quindi una bassa resistenza di trascinamento.

Il profilo delle pale è simmetrico, cambiando senso di rotazione le pale ruotano sull'asse di calettamento e presentano sempre lo stesso bordo d'entrata, quindi in retromarcia hanno lo stesso rendimento che in marcia avanti e riducono i tempi di arresto del 45%. Hanno un solo difetto costano il 250% in più di un'elica a pale abbattibili. Alcuni tipi permettono, con qualche difficoltà,

Fig. 2.3

di modificarne il passo anche in apnea. Il modello a tre pale, ha un buon rendimento in marcia avanti, pari a un'elica a due pale fissa. Fig. 2.3

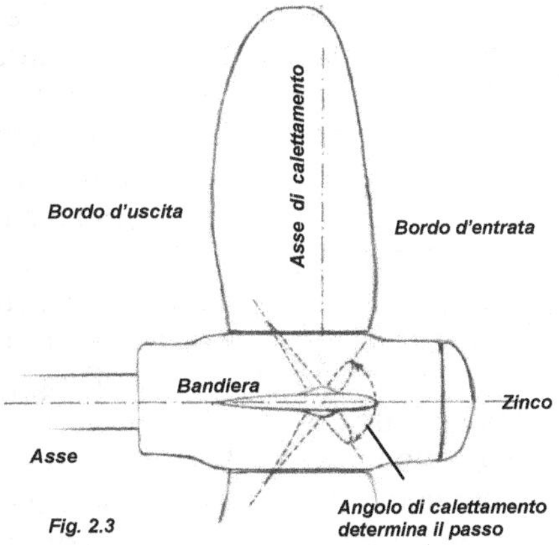

Queste eliche sono molto costose e sono prese di mira dai ladri. Ci sono stati casi di furto anche con taglio dell'asse. Con la barca a terra conviene smontare l'elica completa se è montata su un piede o solo le pale se è montata su cono, lasciando solo il mozzo, quest' ultima operazione però è piuttosto lunga.

Nota: molti skipper fanno confusione, chiamando le eliche a pale orientabili con il termine:"eliche a passo variabile". Queste ultime esistono ma sono quelle eliche in cui il passo può essere comandato dalla plancia per effettuare manovre rapide con il motore sempre a regime costante. L' asse elica è cavo e al suo interno c'è un'asta che fa modificare il passo. Il grande vantaggio di questo sistema è che per fare inversione di marcia non esiste ne cambio ne frizione ne si deve diminuire i giri del motore. Le manovre pertanto sono immediate, variando solamente l'angolazione delle pale.

Inoltre quando il mare è contro si può diminuire il passo, quando la nave è vuota si può allungare. Per questi motivi sono molto usate sui traghetti, sui rimorchiatori e sugli aerei.

Elica trasversale di manovra: bow thruster

Si tratta di un elica con asse trasversale, che crea un getto d'acqua verso destra o verso sinistra nella zona di prua, spostando per reazione la prora in senso opposto. Alcune imbarcazioni hanno un'elica trasversale anche a poppa e in tal caso si manovra con grande facilità.

In genere sulle imbarcazioni da diporto medio piccole l'elica è fatta girare da un motore elettrico alimentato da una batteria dedicata. La trasmissione è costituita da un piede a ingranaggi conici con una o due eliche.

L'elica è alloggiata in un tubo che attraversa tutto lo scafo. Esistono anche delle soluzioni con elica retrattile, ma sono più costose e delicate.

A parità di potenza istallata, il miglior rendimento si ottiene con un elica di diametro più grande, posta più distante possibile dal centro di carena con lunghezza del tubo in cui è fissata l'elica più corto e più profondo possibile. Per motivi di spazio è ben difficile soddisfare tutte queste condizioni.

La potenza di questi bow thruster, essendo alimentati da una batteria, è limitata, circa un decimo della potenza del motore principale. Per motivi di spazio, peso e costo i motori sono sottodimensionati, non sopportano un uso prolungato (30-60 sec.), leggete le istruzioni e tenetene conto.

I bow thruster di prua hanno il grande vantaggio che la spinta agisce su una leva molto lunga, dall'elica al centro rotatorio.

Il consumo di corrente è notevole e la batteria si scarica se non si usa in modo adeguato. Ricordatevi di usarlo solo quando serve realmente e mai con impulsi brevi, ma tenendo premuto il pulsante fino a quando non si ottiene l'effetto voluto. Un motore elettrico quando parte sotto sforzo può assorbire per alcuni secondi una corrente fino a tre volte l'assorbimento normale. Se azioniamo il bow thruster a scatti otterremo solo di surriscaldare, motore, contatti e cavi e di consumare una quantità eccessiva di energia. Sovraccaricheremo anche l'alternatore, che dovrà ripristinare il livello di carica della batteria. Rischieremo inoltre di non avere carica sufficiente per ulteriori manovre.

La presenza di forti rumori durante l'uso denotano una installazione non ottimale, sono dovuti a cavitazione dell' elica, che risucchia aria dalla superficie. La causa è un battente insufficiente (elica poco immersa). In questo caso avremo un rendimento ridotto.

Anche il moto ondoso in porto può mandare in crisi il sistema se il cavo delle onde arriva al tunnel dell'elica si innesca il risucchio d'aria con conseguente cavitazione e riduzione della spinta dell'elica.

Quando dovete fare manovra, valutate bene la forza del vento; specialmente se vi colpirà di fianco, con la barca senza o con poco abbrivio. L'elica trasversale è un accessorio molto utile ma con dei limiti che vanno conosciuti con la pratica e rispettati.

La cavitazione:

Il fenomeno è dovuto alla formazione di micro bolle di gas per dissociazione dell'acqua nelle zone dove si ha la massima depressione, queste migrano verso le zone di bassa pressione. Qui creano vistosi effetti erosivi e corrosivi che portano nel tempo alla distruzione dell'elica. Questo cuscino di bolle, altera il profilo, quindi il flusso e di conseguenza la portanza della pala con una riduzione del rendimento.

I fattori che determinano questo fenomeno sono: immersione dell'elica (scarsa), numero di giri (eccessivo), tipo di elica (carico).

Manutenzione:

Come concetto generale, bisogna ricordare che il profilo di un'elica è il risultato di studi complessi e di un'esecuzione meccanica d'elevata precisione. Le eliche pertanto, non devono mai essere toccate con lime, martelli o attrezzi offensivi o carte abrasive grossolane. Non fate toccare la vostra elica da personale non qualificato. Per togliere gli strati di vecchie antivegetative e per sgrassarle il sistema migliore è usare un comune sverniciatore, applicandolo più volte e per le incrostazioni di calcare,usate acido cloridrico (muriatico), o un comunissimo elimina calcare domestico, eliminate i residui con una spazzola d'ottone e poi sciacquate abbondantemente. A questo punto se volete dare dell'antivegetativa non toccate l'elica con le mani non alitateci sopra e non usate assolutamente nessun tipo di diluente. Se l'elica è lucida, date una passata leggera ma accurata con carta abrasiva ad acqua, grana: 220. Segue subito una mano di primer per eliche, con un buon pennello pulito e usato, daremo una sola mano, tirata, in senso trasverso alle pale. A distanza di 12 ore seguono quattro mani di antivegetativa per eliche. Lasciate asciugare ogni mano per 6 ore minimo. Non toccate mai l'elica con le mani nude. Finita la pitturazione ingrassate le parti mobili. Se seguirete alla lettera le indicazioni, l'anno seguente troverete l'elica perfetta, darete solo tre mani di antivegetativa, senza abrasivare e così per molti anni a seguire. Se pittureremo male un'elica ne ridurremo sicuramente il rendimento, con il risultato di avere consumi maggiori. Mi rendo conto che il processo di pitturazione è piuttosto lungo e va fatto con molta accuratezza. Solo se si usa spesso la barca si può lasciare l'elica nuda, In questo caso però deve essere tenuta lucida.

A seconda di come si presenta dopo la pulizia si deve lucidare a mano con carte abrasive ad acqua a grana molto fine: 400, 600 e poi 1000,1500 2000, 4000. Nell'acqua che usate mettete del sapone. Cambiate spesso la carta usurata. Con ogni carta abrasivate fino ad ottenere una superficie uniforme poi passate alla grana successiva. Non tentate di saltare un numero di carta non togliereste i graffi. Se non seguirete la sequenza e non sarete accurati perderete molto più tempo e rischierete di rovinare l'elica. Negli anni seguenti dopo la pulizia non servirà nessun intervento.

Alcuni usano dare sull' elica lucidata, un grasso molto denso non dilavabile con buoni risultati.

Si sono avuti casi di perdita dell'elica in manovra, in genere per montaggi poco accurati o cattiva manutenzione.

Le eliche a pale orientabili, avendo: assi, boccole e ingranaggi al loro interno, vanno ingrassate ogni anno, ma non è necessario smontarle, basta avvitare un ingrassatore nell'apposito foro filettato. Usate solo grasso blu marino.

Un elica danneggiata anche lievemente, va sostituita, o se possibile si farà riparare da personale competente. Un'elica danneggiata o semplicemente corrosa, avrà le pale di peso leggermente diverso, questo "sbilanciamento" può procurare danni ai cuscinetti del piede o alla boccola dell'asse, con costi di riparazione notevoli.

Tutte le eliche vanno protette dalla corrosione, mediante un anodo sacrificale di zinco, che va controllato e eventualmente sostituito.

Le eliche a pale abbattibili e quelle a pale orientabili, avendo perni ed ingranaggi sono soggette ad usura meccanica è in genere possibile inviarle al fabbricante che provvederà a rimetterle a nuovo ad un costo indicativo pari al 25% del costo dell' elica stessa.

CAPITOLO TERZO

I fattori che influenzano la manovrabilità di una barca.

Il timone.

Le imbarcazioni in genere mano-
vrano grazie ad uno o due timoni;
Di norma tutte riescono a governare correttamente senza altri
ausili, quando vi è un flusso
d'acqua che colpisce il timone. In
genere, questo è provocato dal
movimento dell'imbarcazione, in
altri casi può essere lo spostamento dell'acqua dovuto all'elica
o a correnti di marea. Non tutte le
imbarcazioni però riescono a manovrare in porto, in spazi ristretti,
quando la velocità è ridotta al minimo. Vediamo perché.
Il timone sposta la poppa
dell'imbarcazione a destra o a
sinistra, secondo l'orientamento
della pala rispetto al flusso
dell'acqua. Un timone moderno,
ha un profilo simmetrico con un
bordo d'entrata ed uno d'uscita;
l'asse su cui esso è imperniato, si
trova arretrato rispetto al bordo
d'entrata. La zona tra asse e bor-

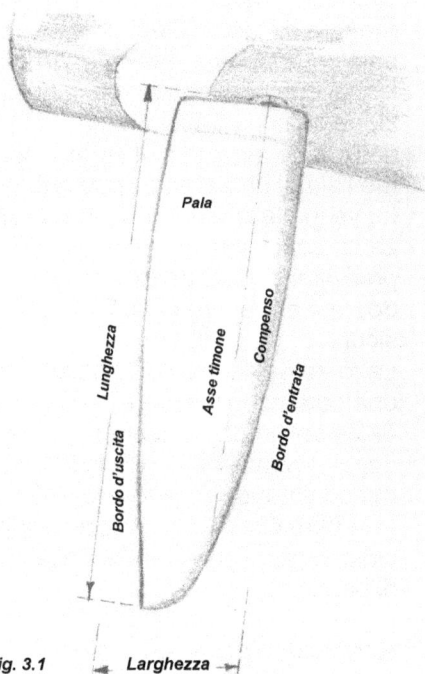

Fig. 3.1

do d'entrata si chiama "compenso" da cui, il termine di timone compensato. Il compenso serve a ridurre lo sforzo necessario per far ruotare il timone. Non si può però superare una certa percentuale di superficie di compenso perché la pala non ritornerebbe automaticamente al centro se do-
vessimo abbandonare la barra o la ruota, la barca virerebbe prima lentamente e poi in modo deciso. Anche una cattiva manutenzione del sistema
di governo può portare ad attriti con conseguente difficoltà di riallineamen-
to.
I timoni moderni, molto allungati, hanno un rapporto lunghezza / larghezza superiore a tre, possono così deviare più filetti fluidi con poca superficie bagnata, la resistenza all'avanzamento è minima.
Figura 3.1

Se la pala è colpita da un flusso d'acqua, i filetti fluidi le scorrono sopra generando due forze: una resistente (R) e una deviante (D).

Per angoli di barra " α " contenuti entro 28°, il fluido scorre lungo le superfici della pala, senza distaccarsene e senza creare vortici. Avremo quindi il massimo effetto con la minima resistenza.   Figura 3.2.

Aumentando ulteriormente l'angolo di barra i filetti fluidi inizieranno a distaccarsi dal dorso della pala creando una notevole turbolenza, con conseguente diminuzione della portanza quindi dell'effetto evolutivo. Il timone come l'ala di un aereo troppo cabrato, va in stallo e non ha più portanza. In condizioni di stallo, gli aerei precipitano e le barche non governano. Per questo motivo, tutti i timoni, dovrebbero avere dei fine corsa per limitare l'angolo di barra entro valori sicuri.

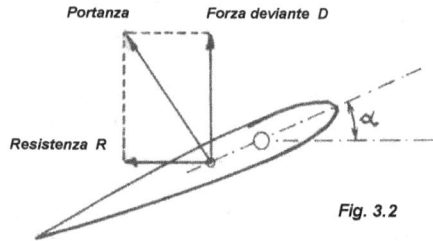

Fig. 3.2

La forza deviante è proporzionale al quadrato della velocità. Per avere una portanza, ci deve essere un movimento di filetti fluidi lungo le due facce del timone in assenza di vortici. A bassa velocità la reattività dell'imbarcazione diminuisce notevolmente. In tali condizioni insistere dando timone in modo eccessivo o muovendo ripetutamente la barra non si fa altro che frenare la barca e peggiorare la situazione. Proprio in tali situazioni critiche si deve agire sul timone lentamente e con piccoli angoli di barra.

Azione dell'elica sul timone.

Oggigiorno in porto, manovriamo a motore; analizziamo quindi gli effetti dell'elica sul timone.

Il caso più critico si ha, quando il timone non è interessato dal flusso d'acqua creato dall'elica.

Figura 3.3

Nella barca, in figura, per non indebolire il dritto di poppa, l'asse dell'elica è stato posto di lato.

Per governare, prima bisogna imprimere alla barca una certa velocità minima, poi si azionerà la barra. Sarà quindi impossibile manovrare, se non ci sono ampi spazi, per far prendere alla barca un minimo d'abbrivio. In questo caso, la manovrabilità è ulteriormente ridotta, sia per

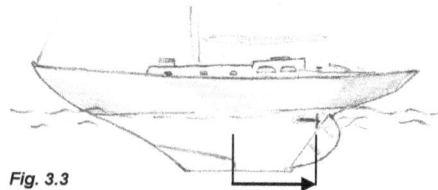

Fig. 3.3

la notevole superficie, che si oppone al cambio di rotta (chiglia lunga), sia per il piccolo braccio su cui agisce il timone. Osservate la distanza tra centro di spinta del timone e centro rotatorio. Inoltre, il rendimento di un timone, con un asse così inclinato, è pari a circa il 50% rispetto a uno di ugual superficie ad asse verticale.

L'elica incassata nella pala come in figura 3.4, non produce effetto sul timone, in quanto, quando questo è alla banda, gran parte del flusso d'acqua prodotto dalla rotazione dell'elica esce proprio dal vano creato, senza colpire la pala del timone. Figura 3.5

Fig.3.4

In tal caso, per poter manovrare bisogna imprimere alla barca una certa velocità ma questo richiede notevoli spazi.

Nelle barche moderne, il timone è a forma di spada, sospeso e compensato. Questi timoni hanno un alto rendimento e le capacità evolutive in porto sono eccezionali. Il timone alla banda, proprio per la presenza del compenso riesce a deviare quasi tutto il flusso creato dall'elica.

In questo caso anche a barca ferma, appena l'elica spinge l'acqua sul timone, si crea una reazione laterale e la poppa si sposta di lato.

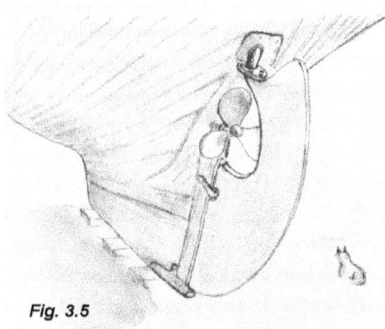

Fig. 3.5

Siamo favoriti anche dal notevole braccio di leva, esistente, tra il timone, molto arretrato e il centro rotatorio e dalle chiglie strette. Figura 3.8 Inoltre gli scafi moderni con poppe larghe e carene poco stellate, riducono al minimo le superfici che si oppongono alla rotazione. Nelle barche più datate o di concezione oceanica i piani di deriva allungati e lo scafo fondo e stellato ostacolano la rotazione dello scafo, infatti, il loro scopo è di ottenere una tenuta di rotta eccezionale, anche in condizioni molto difficili.

Le barche moderne possono ruotare su se stesse in spazi molto ristretti, sfruttando l'effetto evolutivo dell'elica, con timone fisso alla banda e alcuni colpi indietro, per non far procedere la barca. In pratica, non c'è la necessità di muoversi in avanti per ruotare. Quando si da marcia indietro, non ha nessun senso invertire la barra; la barca si ferma, senza andare indietro e la poppa si sposta di lato. La marcia indietro oltre a far ruotare la barca impedisce l'avanzamento, visto che abbiamo premesso di voler ruotare in spazi ridotti.

Logicamente, con una barca che in retromarcia accosta a destra, saremo

avvantaggiati ruotando a sinistra e viceversa. Prima di iniziare la manovra, pensiamo da quale parte si sposta la poppa mettendo la retromarcia.
Figura 3.6
Con una barca moderna si riesce a ruotare di 180° in uno spazio pari a una volta e mezzo la lunghezza della barca.

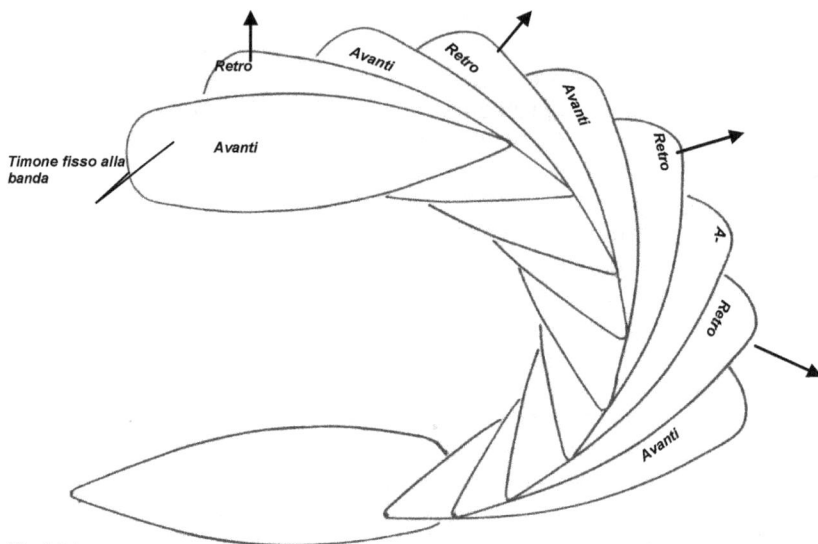

Fig. 3.6<

CAPITOLO QUARTO

Le cime d'ormeggio

In questo capitolo parlando di cime d'ormeggio, intenderemo sempre di quelle usate in crociera, fuori dal proprio marina o circolo perché nel caso di ormeggio temporaneo la manovra e le cime usate saranno diverse . Per fare un esempio: nell'ormeggio fisso, le cime rimangono in banchina, in quello occasionale (in crociera) le cime stanno a bordo. Anche le lunghezze e i diametri saranno differenti.

Ormeggio in banchina di fianco.

Nella figura 4.1 è rappresentato un corretto ormeggio in banchina di fianco, con due cime o barbette a doppino e due spring. Questi ultimi sono così importanti che vi abbiamo dedicato un intero capitolo.

 Prendiamo in esame la figura; osservate come la cima di poppa è stata fissata sulla bitta esterna in modo da avere una lunghezza simile a quella di prua e tale da permettere un corretto imbando della cima. Tutte quattro le cime, vanno lasciate leggermente lasche, soprattutto le barbette, in modo da compensare i movimenti dovuti alla marea.

Solo così, l'imbarcazione è in equilibrio e rimane parallela alla banchina,

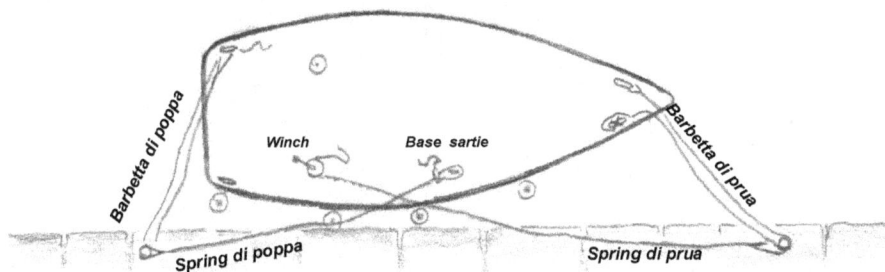

Fig. 4,1

senza forzare sui parabordi.

Osservate come gli spring sono fissati, uno su un winch e l'altro alla base delle sartie. Così facendo avremo in barca, una sola cima, quindi un solo nodo per bitta e le eventuali regolazioni saranno molto veloci.

Gli spring sono in singolo mentre le barbette sono sempre a doppino.

Sulle imbarcazioni medio grandi, a mezza barca ci saranno una o due bitte apposite per gli spring.

17

Ormeggio di poppa, e ancora o corpo morto a prua.

In figura 4.2 abbiamo due cime a poppa, in caso di vento laterale, si può aggiungere uno spring che dalla poppa, va verso il vento, ben angolato.
Da evitare le cime incrociate; se sono, a doppino, diventano troppo lunghe, s'impigliano o sollevano la passerella e impediscono l'apertura e la discesa dalla scaletta di poppa,che deve essere libera e abbattibile

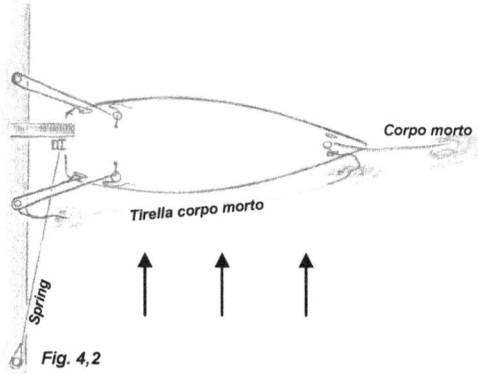
Corpo morto
Tirella corpo morto
Spring
Fig. 4,2

per motivi di sicurezza. Potrebbe essere necessario infatti dover recuperare dall'acqua una persona caduta accidentalmente.

Ormeggio in banchina, con ancora o corpo morto a poppa.

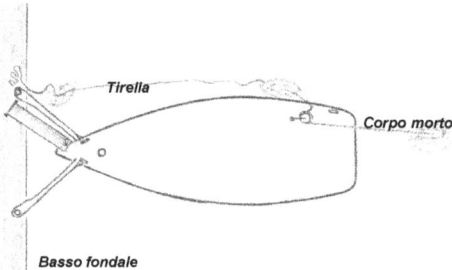
Tirella
Corpo morto
Basso fondale
Fig.4.3

Questo tipo d'ormeggio si usa solo, quando ci sono impedimenti reali come: difficoltà di manovra, vento forte al traverso o basso fondale vicino al molo.
Figura 4.3

Quando è possibile, evitiamo questo modo di ormeggiare, perché scendere da una prua alta su un pontile galleggiante. è spesso difficile e pericoloso, Una passerella o una scaletta apposita di prua, e un pulpito ribassato rendono l'operazione più agevole.
Figura 4,4

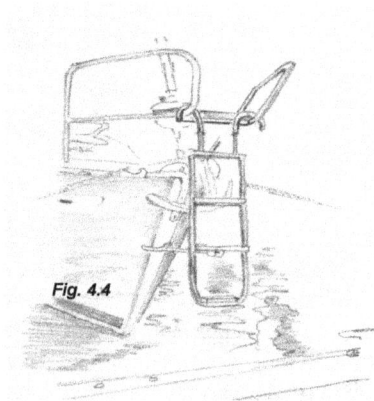
Fig. 4.4

Ormeggio a terra senza strutture fisse.

Nella figura 4.5 è rappresentato, un ormeggio con ancora a prua e cime a terra di poppa.

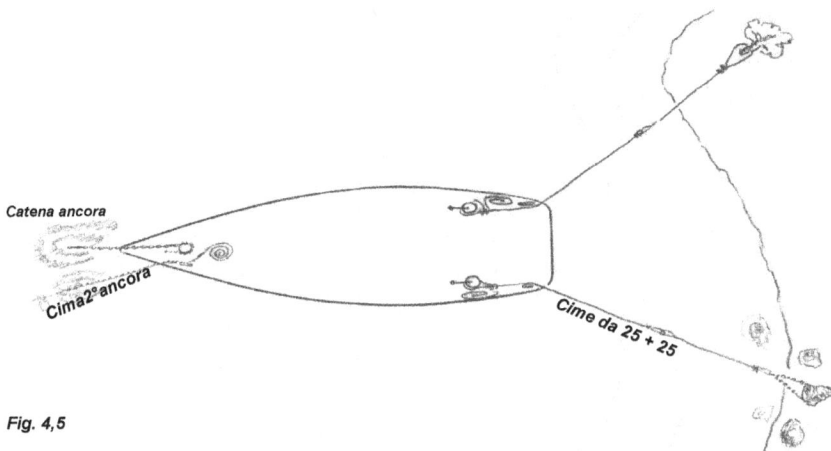

Catena ancora

Cima 2° ancora

Cime da 25 + 25

Fig. 4,5

Le cime che vanno a terra devono avere una lunghezza massima, di 25 m. Sarebbe molto difficile, cogliere correttamente in mano e poi svolgere con facilità e sicurezza cime di lunghezza superiore.

Avvolgendo le cime d'ormeggio, in matasse da venticinque metri, si devono dare come minimo da tredici a venti addugliate; non ne stanno di più tra l'indice e il pollice della mano.

La cima dell'ancora da 60-90 m, si adduglia, solo facendo le spire distese sul ponte, mai in mano, idem per le cime di grosso diametro, pesanti, rigide e poco maneggevoli. Tenete conto però che questo sistema è più lento.

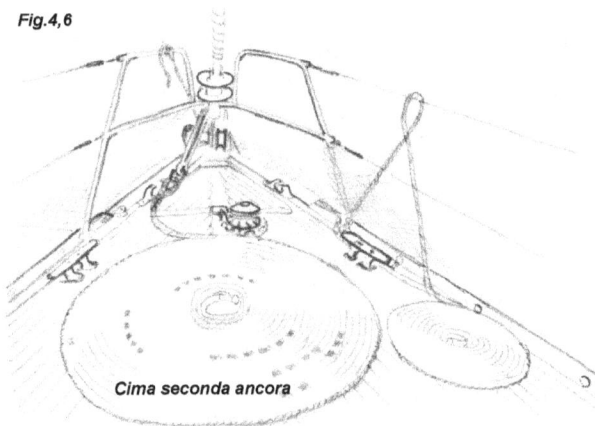

Fig.4,6

Cima seconda ancora

Le cime si possono anche disporre sul ponte in una spirale continua, sono molto belle da vedere, la cima si asciuga facilmente, si svolge molto velocemente, ma non resiste a colpi di mare in coperta. Figura 4.6

Tipologia e dimensioni delle cime d'ormeggio.

Le cime d'ormeggio devono essere: morbide elastiche, a tre legnoli a doppia torcitura e in colori differenti, secondo l'uso della cima. In ogni caso non devono essere galleggianti.
Materiale consigliato 100% poliestere. Attenzione che tra una cima a doppia torcitura "AMERICANA" e una a torcitura semplice il carico di rottura si dimezza.
Potremo usare i seguenti colori:
BLEAU   per le cime da ormeggio di prua, di poppa e i parabordi
NERO   per gli Springs
BIANCO   per l'ancora   (si deve vedere sott'acqua).
CANAPA   per l'ancora di rispetto (si deve vedere sott'acqua)
CELESTE   per le cime a terra.
BORDEAUX   per appennellare l'ancora
Riassumendo: su un'imbarcazione in crociera, senza contare le cime di rispetto, avremo sempre pronte in coperta le seguenti cime.

Due di poppa di lunghezza: 1,3 x la lft della barca ,es.12 m. x 1.3 = 16 m.
Due di prua: di lunghezza : 1,3 x la lft della barca
Due Springs lunghi   : 1,6 x la lft della barca,es.12 m. x 1.6 = 19 m.
Quattro da 25 m. per ormeggi a terra (unendole otterremo due cime da 50 m. o una da cento).
Una cima da 60-90 m. per la seconda ancora.
Una cima da 20 m per attaccare l'ancora appennellata.
Una cima detta di brandeggio per tirarsi di prua. Lunga. 1.2 volte la lft. Di colore bordò che è ben visibile.

Nei gavoni dovremo avere di rispetto, una barbetta e uno spring pronti all'uso.
Dovendo acquistare cime nuove da ormeggio, scegliete un ottimo fornitore. Non esagerate con i diametri, ricordate che cime troppo grosse, comportano pesi e ingombri notevoli e difficoltà nell'addugliarle e nel lanciarle.
Le cime più lunghe del necessario, rallentano notevolmente le manovre.
Gli Springs hanno diametri inferiori rispetto alle barbette perché essendo molto lunghi, assorbono meglio gli strattoni; inoltre lavorano sempre quasi allineati rispetto alle forze in gioco.
Non togliete mai le cime dall'ormeggio del proprio club, per usarle in crociera e viceversa. Quelle usate in crociera avranno un diametro certamente inferiore a quelle dell'ormeggio fisso. Le cime del club, rimanendo sotto il sole per dieci anni senza controlli, dovranno avere un diametro maggiorato del 30%; inoltre saranno diverse anche le lunghezze.

Tutte le dodici cime definite "da ormeggio"e quelle di rispetto, vanno preparate nello stesso modo, anche se ci rendiamo conto che è un lavoro lungo. Un capo, va impiombato formando una gassa (occhio) di dimensione adatta alle nostre bitte d'ormeggio; l'altro capo va fuso mediante un saldatore elettrico, o con la fiamma di un accendino in modo che non si aprano i legnoli; poi impalmiamo con una decina di nodi piani ben stretti di filo da velaio. Sulle parti terminali, avvolgiamo del nastro adesivo. In commercio è reperibile del nastro telato fluorescente da 50 mm di colore verde mela per la gassa e arancio per la coda. In mancanza d'altro, ci possiamo accontentare di nastro isolante da 30 mm, giallo e rosso. Il nastro telato, colorato, tende a scolorire sotto il sole, va pertanto sostituito ogni due anni.

Avvolgete sempre i nastri nello stesso verso della spirale dei legnoli, su cima asciutta,tirando e facendoli aderire bene, stringendoli con forza.

Figura 4.7

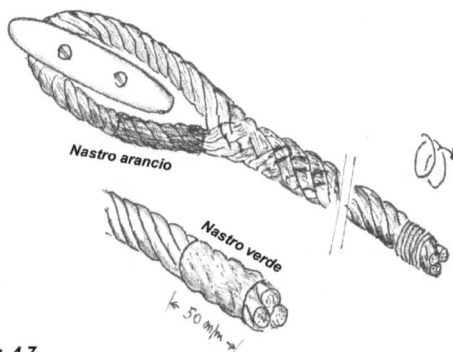

Nastro arancio

Nastro verde

50 m/m

Fig. 4.7

Tutto questo perché? La prima volta che sarete in difficoltà, di notte o sotto un temporale sarà molto importante trovare subito l'occhio e la coda della cima. Quando la cima è aggrovigliata, trovare subito i capi aiuta moltissimo.

Precisiamo che quanto si è detto, riguardo: dimensioni, lunghezza, colore, finiture e nastri sui capi delle cime, non sono finezze da regatante o da marinaio maniaco, ma sono quelle cose che vi permettono talvolta, di salvare la barca o la vita.

È pertanto veramente importante, individuare la propria cima, distinguerla dalle altre, trovare i capi giusti e fare quello che si deve nel più breve tempo possibile. Avendo per equipaggio degli estranei, o degli inesperti, sarà più facile dire: "prendi la cima nera, slega quel capo arancione e infilalo nell'anello".

Da un buon libro o dal marinaio del club, imparerete facilmente e in poco tempo a fare le impiombature.

Disposizione delle cime a bordo.

Con la barca armata, pronta per la stagione è molto importante, avere le cime sempre nella stessa posizione, addugliate sempre in senso orario e fissate in modo sicuro, con un nodo a strappo. Le cime vanno tenute in coperta, distese o appese sui pulpiti sul lato interno, mai nei gavoni.
Dopo aver stabilito il lato d'accosto, verrà intuitivo definire la posizione delle cime da ormeggio. Questa configurazione non va mai cambiata; se vo-

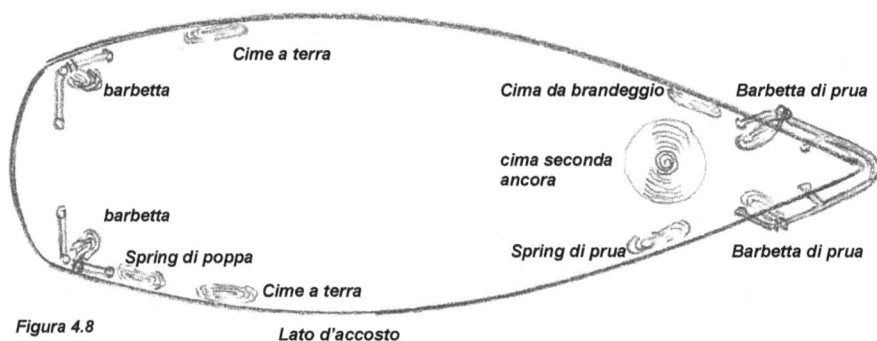

Cime a terra

barbetta

Cima da brandeggio

Barbetta di prua

cima seconda ancora

barbetta

Spring di poppa

Spring di prua

Barbetta di prua

Cime a terra

Figura 4.8

Lato d'accosto

gliamo modificare qualcosa, ci deve essere un motivo valido e va avvisato tutto l'equipaggio. Osservate come gli Springs sono disposti uno a poppa e uno a prua sul lato d'accosto. Figura 4.8
Soltanto la cima della seconda ancora, e le quattro cime da 25 m. per ormeggio sugli alberi, possono eventualmente rimanere nei gavoni; in ogni caso sempre disposte in modo da poter essere estratte, senza esitazioni. Per questo motivo andranno appese su capienti ganci o mediante larghi nastri con il "velcro", o appese mediante un nodo a strappo su tubi orizzontali. Se si è costretti a riporre le cime sul fondo dei gavoni, in zone poco accessibili, l'ideale è renderle riconoscibili e facilmente recuperabili mediante, fettucce colorate con scritto il tipo di cima.
Figura 4.9
Non riponete cime bagnate nei gavoni, ammuffiscono.
Appendetele solo addugliate sen-

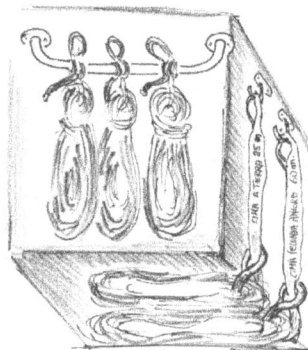

Figura 4.9

za legature su dei ganci, è il sistema migliore, per averle pronte all'impiego. Si guadagnano parecchi secondi, che in certi casi, fanno la differenza.

Le Barbette di prua e di poppa dovranno essere sempre pronte al loro posto, e avere l'occhio già in bitta. Sulle bitte occupate dalle cime di ormeggio non dovranno mai esserci altre cime annodate.   . Le cime d'ormeggio in generale si fanno passare sempre sotto la draglia bassa o sotto il tubo basso del pulpito. La matassa, rientra in barca, da sopra il pulpito e verrà distesa con cura, senza imbrogli ne nodi, in una zona riparata, pronta per essere lanciata. Figura 4.10

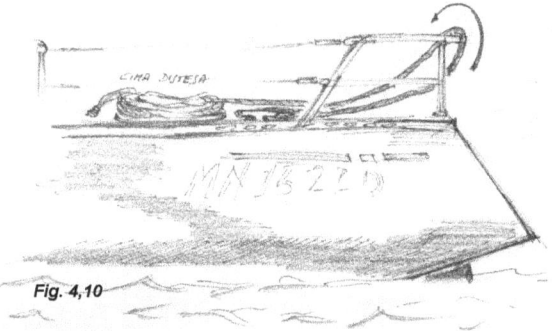

Fig. 4,10

A questo punto, quando si ormeggia, ci sono due possibilità: 1) Ormeggio corto in banchina: la cima va alla bitta o all'anello e ritorna in barca in doppio, passando da sotto il pulpito e si danno quattro giri sul winch, la messa in tiro sarà agevole e precisa. Lavorando con il winch sarà facile anche il tirare la barca sotto il molo per scendere. Figura 4.11 Per fermare la cima, si fa un nodo parlato ganciato, come nella figura 4.12

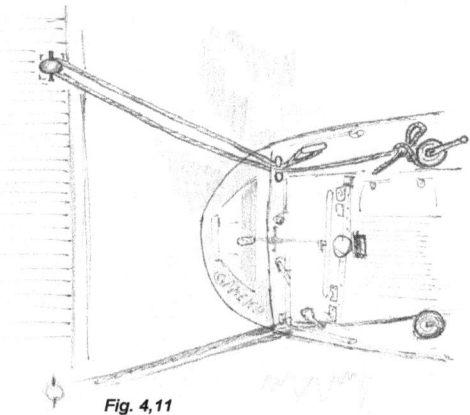

Fig. 4,11

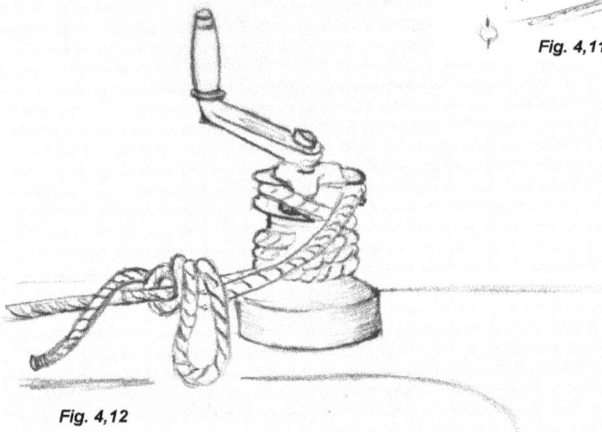

Fig. 4,12

2) Ormeggio in lungo: dovendo ormeggiare, distanti dal molo, non ci si deve aspettare che

la cima sia tanto lunga da arrivare fino a bordo in doppio. La manovra quindi sarà diversa. Si lancerà la cima al momento giusto, qualcuno a terra la raccoglierà e darà di volta. Quando sarà possibile controlleremo i nodi e eventualmente ci sposteremo sulla bitta o anello giusto. Il fatto di avere la cima tesata sul winch, ci permetterà di velocizzare l'operazione in quanto non ci sono nodi da sciogliere. Fig. 4,13

Fig. 4,13

I passacavi.

Molte barche moderne, non montano più i passacavi; costa montarli, pesano e spesso rovinano i cavi. Pertanto, se durante una manovra impegnativa, voi o il vostro equipaggio, non avete il tempo di passare in modo corretto le cime nel passacavo, lasciate stare ci penserete dopo. Non succede nulla di grave le cime lavorano basse sulla coperta e si fermano sempre o alla base di un pulpito o di un candeliere. Queste attrezzature di coperta, alla base sono molto solide e reggono a trazioni fino a 2000 kg. Non forzerete mai, sulle parti alte di pulpiti o candelieri, perché, la leva sarebbe notevole, con conseguenti rotture o deformazioni.

A manovra terminata, con calma, sistemerete la cima nel passacavo.

Come potersi tirare sull'ormeggio di prua.

Quando siete con la poppa a terra, se il vento rinforza, molto spesso avrete bisogno di tirare la cima o catena di prua, per allontanarsi dalla banchina o perché la barca prende il vento di fianco e abbatte troppo la prua. In questo caso sarà inutile tentare di mettere in tiro la cima dell'ancora o del corpo morto, con la forza delle mani. Se il vento è forte anche il salpa ancore può andare in crisi.

Esiste un metodo molto semplice e veloce; per fare questa operazione servono una cima e un nodo.

 A prua, ci deve essere una cima già collaudata e destinata solo a quest'uso. Abbiamo usato volutamente il termine collaudata, in quanto si userà per questo scopo, una cima a tre legnoli; con diametro inferiore a quella dell'ancora del 20% circa,, possibilmente di colore facilmente riconoscibile. Tenetela riposta nel pozzetto dell'ancora, da usare solo per brandeggiare.

Con questa cima, da sotto il pulpito con una sola mano fate tre mezzi colli in avanti, sulla cima da cazzare, appena oltre il passacavi, lasciandoli laschi. Poi spingete in avanti il nodo con il mezzo marinaio. Poi si strappa e più si tira e più i nodi si stringono. A questo punto o si va alla campana del salpa ancore, o si arriva a un winch a poppa. Si può cazzare fino al

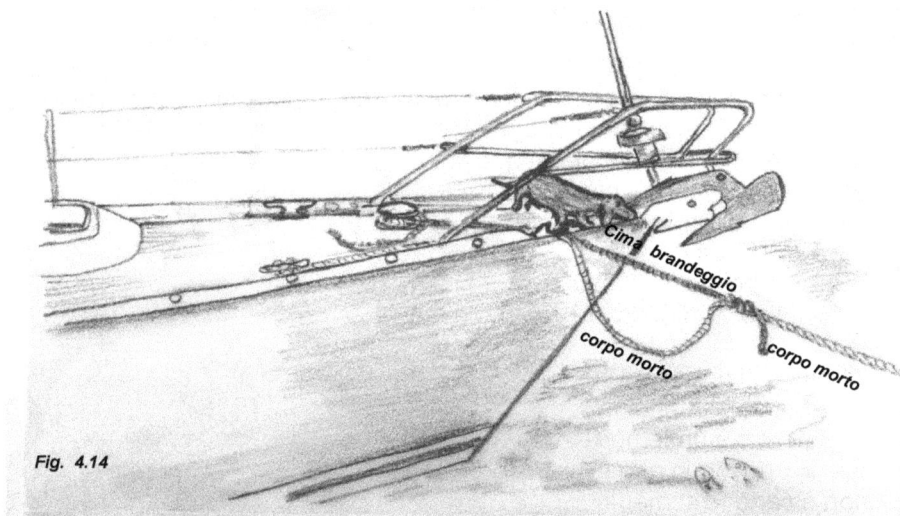

Fig. 4.14

nodo.
Figura 4.14
 Si recupera quindi l'imbando della cima del corpo morto e si rifà il nodo sulla galloccia.

Dovendo recuperare più di un metro di cima, si può fare la medesima operazione, formando i mezzi colli dietro il passacavo, si porta la cima di brandeggio a un winch a poppa, si scioglie il nodo della cima dell'ormeggio dalla galloccia e si cazza. Con questo metodo si possono recuperare più metri con una sola operazione.
Figura 4/15

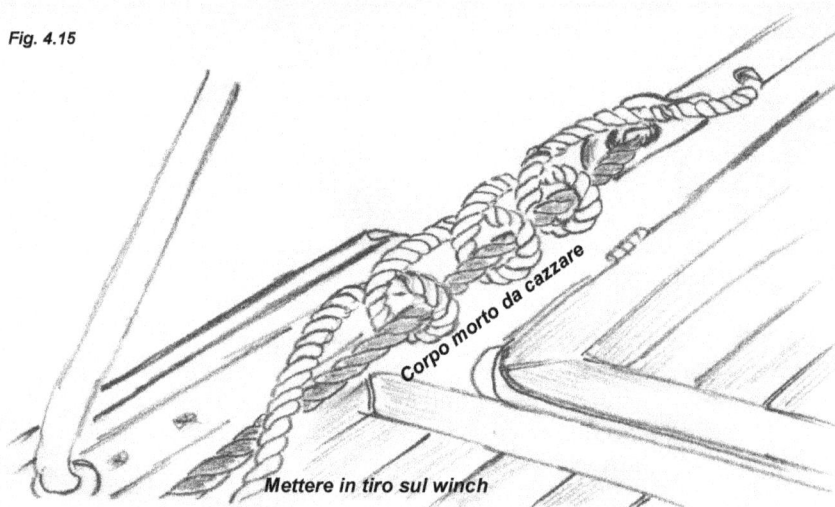

Fig. 4.15

Corpo morto da cazzare

Mettere in tiro sul winch

Quella descritta è un'operazione che salva da molte situazioni difficili specie con poco equipaggio; meglio provarla anche per verificare che la cima sotto forte tiro non danneggi qualcosa e possa arrivare sul winch in modo corretto. I marinai professionisti diranno che si deve usare il "nodo di bozza" che però è più complesso e difficile da fare.

Quando si deve fare questo tipo di manovra in genere c'è un temporale in arrivo o in atto e non è certo il momento di andare a cercare il libro dei nodi.
Figura 4.16

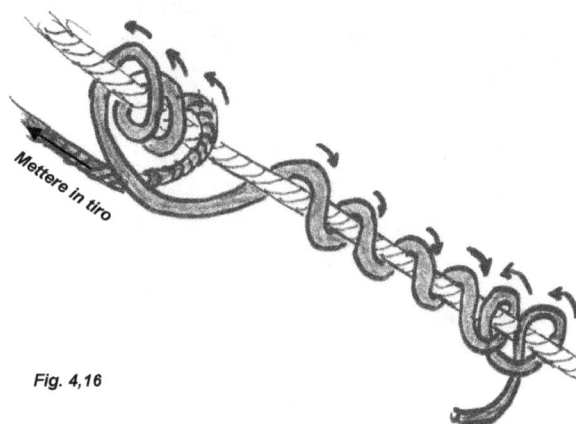

Mettere in tiro

Fig. 4,16

Che cosa fare perché le cime non si logorino

.

Molto spesso le bitte e gli anelli sui moli sono ruggini, inOltre le bitte di cemento e gli spigoli, sono tutte situazioni che logorano le nostre cime e anche gli stessi passacavi possono danneggiarle. I danni poi saranno ben maggiori se una cima si spezza per logoramento durante un brutto tempo. Conviene pertanto premunirci con attrezzature adeguate. Per gli anelli ruggini si possono adoperare dei grilli a omega con perno imperdibile. Per le bitte useremo degli spezzoni di catena e un grillo. La catena deve essere "genovese" altrimenti i grilli non passano nelle maglie. Sconsigliamo l'uso di moschettoni, il loro carico di rottura è solo il 20% di un grillo di pari calibro. Per le bitte in ghisa o in cemento possiamo usare due spezzoni ammanigliati in fila. Il calibro di queste catene lavorando in doppio può essere di una misura inferiore a quella dell'ancora. Il sistema è semplice, ma lento e poco pratico, in quanto, per disormeggiare si deve scendere a terra , inoltre la catena se maneggiata male può causare danni alla barca. In disormeggio la catena va sganciata e sfilata dall'occhio o dal doppino, riportata a bordo a mano e non appoggiata sulla coperta ma riposta subito. Figura 4.17 In fase d'ormeggio la catena va infilata nel doppino, agganciata e lanciata a terra con la cima, facendo attenzione a eventuali persone presenti. Figura 4.18

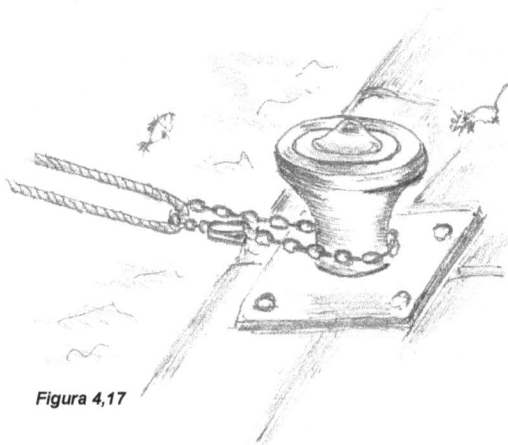

Figura 4,17

Figura 4,18

Si può anche usare un tubo di plastica o tessile. Servono quattro spezzoni di tubo di 60 cm, si fanno due fori sulle teste e si guarniscono con una sagola, che servirà per bloccare il tubo alla cima e impedirne lo scorrimento.
Figura 4.19

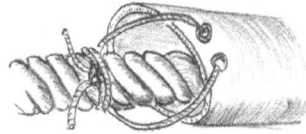

Figura 4,19

Questo sistema è semplice, economico e pratico, perché si può disormeggiare, sfilando la cima a doppino; inoltre è adatto anche a proteggere la cima dall'abrasione sugli spigoli dei moli.
Figura 4.20

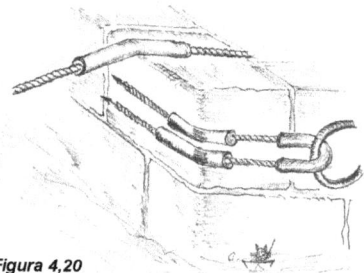

Figura 4,20

Se non siamo così bene organizzati, ricordatevi che per lo spigolo orizzontale del molo, può andar bene anche un pezzo di legno, una bottiglia di plastica o in modo più marinaresco, una vecchia scotta adeguatamente raccolta e legata.

Questo è l'unico uso nobile cui può servire una vecchia scotta. Le vecchie scotte sono inaffidabili, polverose e puzzano di muffa, rimangono per anni a far confusione nei gavoni, la cosa più saggia è liberarsene.
Figura 4.21

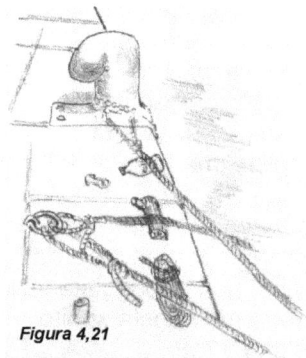

Figura 4,21

Quando dobbiamo attaccarci a scogli affioranti, dobbiamo usare assolutamente uno spezzone di catena in doppio, perché la marea e le onde scalzano le cime. Il peso della catena invece tiene la cima sotto acqua al suo posto. Figura 4.22

Figura 4,22

28

Se ci accorgiamo che le nostre cime si logorano sui passacavi, verifichiamo se sono mal disposti o addirittura montati rovesci (destro per sinistro) o se l'angolo d'entrata non è compatibile. Basta controllare se spostando il punto d'attacco sul molo, la situazione migliora.

Passacavi fatti male o piccoli è meglio cambiarli o se possibile eliminateli come si usa, con intelligenza, su moltissime barche moderne. In tale caso, la cima arriva direttamente sulla bitta, si risparmia denaro, tempo, fatica, fori nella coperta e logorio delle cime.

Nel caso in cui il passacavo serve realmente, è dimensionato correttamente, ma ha una zona non liscia o spigolosa che tende a mangiare il cavo, non abbiate timore, prendete una bella lima mezza tonda, limate il difetto poi rifinite con carta 220 e 400. Se siete dei raffinati, lucidate con carta 600 e 1000. Se avete limato dell'acciaio inox, dovete lavare con abbondante acqua e sapone tutta la zona perché la limatura arrugginisce in una sola notte e lascia dei puntini rossi indelebili.

CAPITOLO QUINTO

Gli spring

Che cosa sono e a cosa servono.

Lo spring, ha la funzione, di tenere ferma l'imbarcazione. Se vogliamo contrastare l'effetto di una forza, dobbiamo disporre una cima quasi parallela alla forza stessa, questa cima prenderà il nome di spring. Si parla di forza, perché in genere dobbiamo opporci al vento, alle onde, alla corrente o a un'altra imbarcazione che ci spinge.
Gli spring, tengono ferma la barca all'ormeggio, anche in caso di vento molto forte.
Gli spring possono essere disposti sul fianco, di poppa, di prua, in tutti i casi sono sempre opposti all'azione della forza da contrastare e devono formare un angolo molto piccolo con la forza stessa.
Partiamo dal caso più semplice:
vento di prua e vento di poppa.
Figura 5.1
In entrambi i casi, la barca non si sposta è stabile.

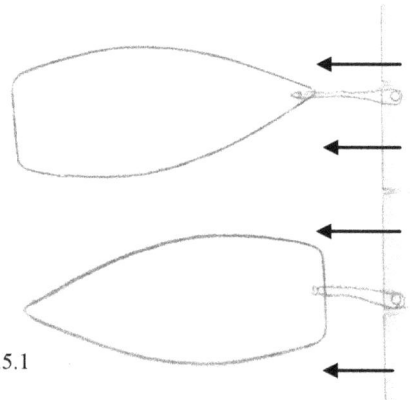

Se la barca è ormeggiata come in figura 5.2, con solo la barbetta di prua e di poppa, con il fianco parallelo al molo, quando arriverà un po' di vento, si disporrà come in figura 5.3 schiacciandosi sui parabordi.
La barbetta fa un angolo"α" notevole rispetto alla direzione del

Fig.5.1

Fig.5.2

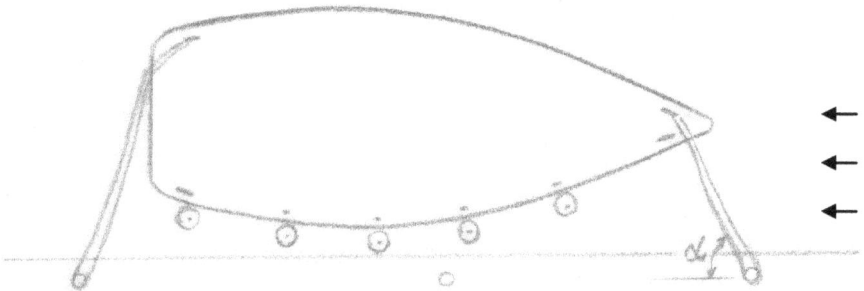

vento e pertanto anche la componente verso il molo sarà notevole. La forza si scompone in due vettori, uno fa arretrare la barca e l'altro spinge

Fig. 5.3

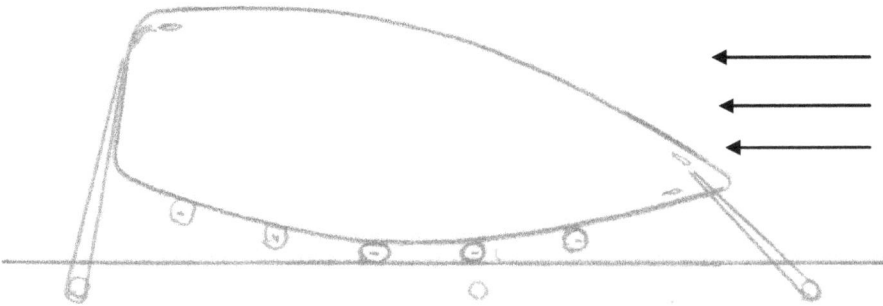

la prua verso il molo. Fig. 5.3
Se adesso sistemiamo una cima più parallela possibile al vento, l'angolo diventa cinque volte più piccolo di "alfa e il punto di tiro è spostato molto indietro e più lateralmente rispetto alla forza del vento. Il risultato è una forza che fa allargare la barca dal molo e la tiene ferma senza forzare sui parabordi.

Fig. 5.4

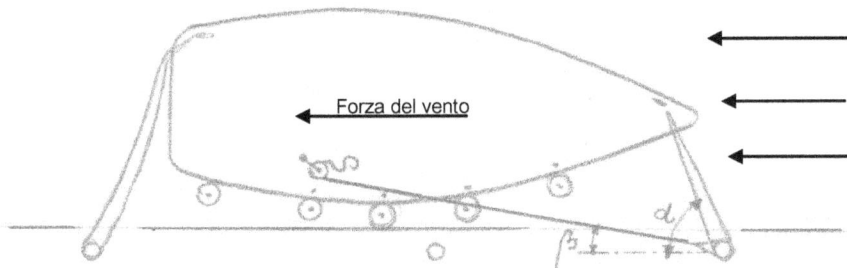

Figura 5.4

Vediamo altri esempi d'applicazione di spring: negli ormeggi di poppa. Fig. 5.5 e di prua Fig. 5.6, sempre a contrastare delle forze come vento mare o correnti.

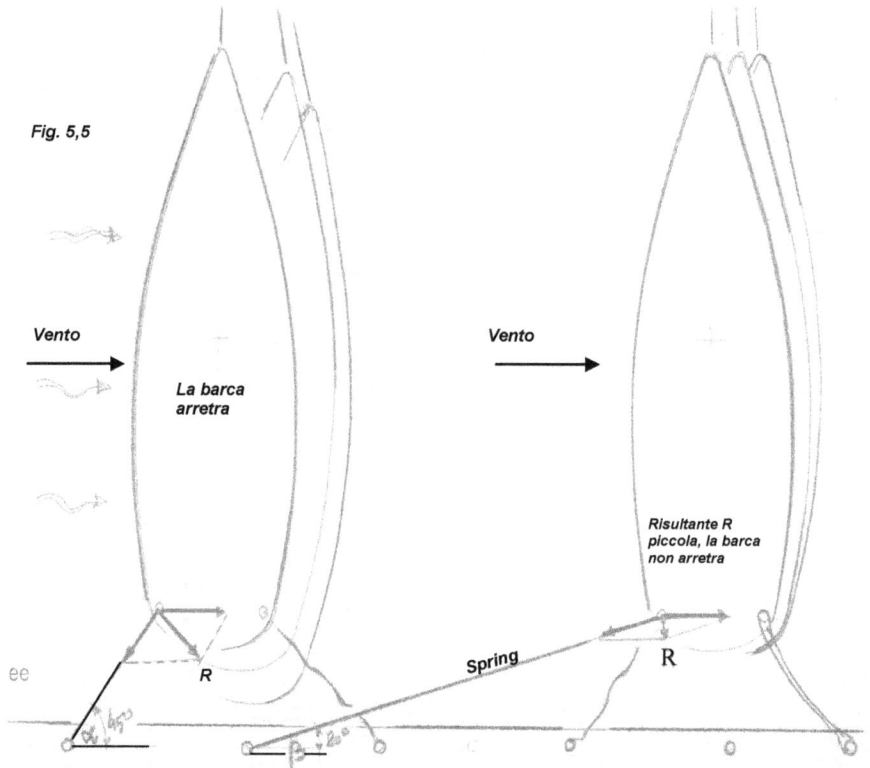

Fig. 5,5

Vento

La barca
arretra

Vento

Risultante R
piccola, la barca
non arretra

ee

R

Spring

R

Nelle figure abbiamo sempre indicato con"alfa "l'angolo formato
nell'ormeggio semplice e "beta" in quello con uno spring.
Talvolta chi non ha famigliarità con questi sistemi, non sa bene cosa fare
e si confonde. Il concetto
è molto semplice: si fissa
una cima lunga alla barca
si scende con la cima in
mano e la si srotola cam-
minando contro il vento o
la corrente il più distante
possibile, si tesa si fissa e
si osserva il risultato.
Fig. 5.6

Spring 20 ° al
vento

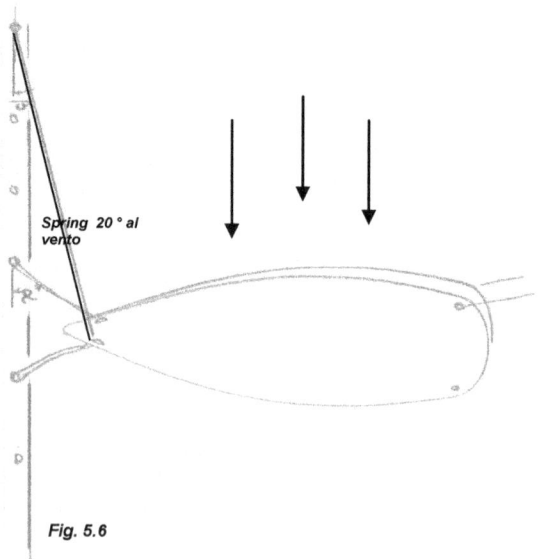

Fig. 5.6

Dove si mettono gli spring? Su quali gallocce.

Nella figura 5.7 vediamo un ormeggio da manuale, con due barbette, due spring e talvolta anche due traversini. In questo caso ideale, ogni cima ha la propria galloccia. Ogni cima adempie, una funzione ben specifica;

Fig. 5.7

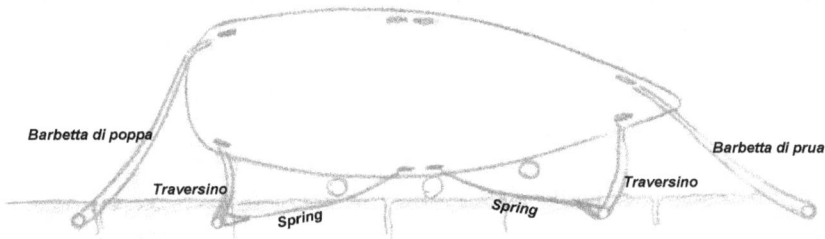

Barbetta di poppa

Barbetta di prua

Traversino

Traversino

Spring

Spring

gli spring impediscono gli spostamenti avanti e indietro e tengono la barca scostata dal molo. Le barbette impediscono che prua o poppa si allontanino dal molo, questa funzione specifica è assolta dai traversini. Notate che questa barca ha otto bitte.

Nel caso, manchino le bitte a mezza barca, si può fare ugualmente un ottimo ormeggio come in figura 5.8.

Osservate come le bitte di prua, sono al mascone e vanno bene per gli spring, mentre le altre sul lato esterno, rispetto al molo, sono adatte per le barbette. Con sole quattro cime e altrettante bitte, abbiamo fatto un

Fig.5.8

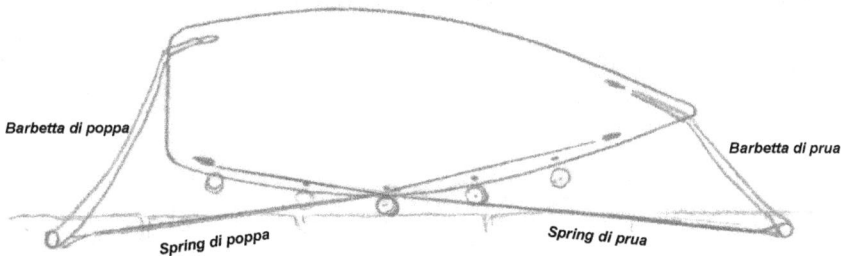

Barbetta di poppa

Barbetta di prua

Spring di poppa

Spring di prua

ottimo ormeggio. Ogni bitta, è impegnata da una sola cima e questo è molto importante. Quella sopra descritta, è una situazione più realistica, infatti, sulle barche sotto i 14 metri, in genere ci sono quattro bitte in tutto, inoltre sui moli costruiti per le navi, non vi sono molti appigli; pertanto un ormeggio, come nella figura 5.8, è già ottimale. Per ridurre la lunghezza degli spring, ci si può fissare alla base delle sartie. Logicamente il nodo va fatto in basso sulla base, mai sulle sartie stesse né sugli arridatoi.

Lo spring di poppa si può far passare nel bozzello della scotta del fiocco e arrivare fino al winch. Figura 5.9. Tesando lo spring di poppa si mette in tensione anche l'altro.

Le barche che non hanno la galloccia a metà barca, non hanno nemmeno il passacavo. In questo caso, si possono passare gli spring sopra il bordo, appoggiati alla base dei candelieri, questa è robusta a sufficienza per reggere la spinta di una cima poco angolata. Si tratta sempre di un problema

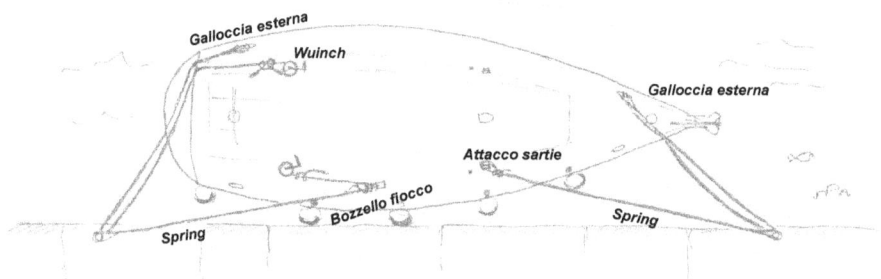

Fig. 5.9

di fisica se l'angolo fatto dalla cima è piccolo, la forza esercitata alla base del candeliere sarà minima.

Gli Springs sono le uniche cime d'ormeggio che possono essere parzialmente tesate, la lunghezza consente loro di adeguarsi ai movimenti della marea. Le altre cime d'ormeggio invece vanno lasciate leggermente in bando per compensare la marea e il moto ondoso. Nel capitolo settimo, vedremo altri impieghi molto importanti, degli spring.

CAPITOLO SESTO

I PARABORDI:

Numero e dimensioni dei parabordi.

Come per molte altre attrezzature, il numero e le dimensioni, dipendono dalla stazza e dalla lunghezza dell'imbarcazione.
Nella tabella che segue ci riferiamo al numero e dimensioni dei parabordi da usare sui fianchi.

Lunghezza f.t. m.	Parabordi per lato	diametro	Tipo
7m.	Due	150	Cilindrico
8m.	Tre	180	Cilindrico
9m.	Tre	220	Cilindrico
10m.	Quattro	220	Cilindrico
12m.	Quattro	220	Cilindrico
14m.	Cinque	300	Cilindrico
17m.	Sei	300	Cilindrico

Per poter affrontare una crociera in tutta tranquillità dovremo avere altrettanti parabordi identici per entrambi i lati, uno identico di scorta e uno o due specifici per la poppa.

Tipo e dimensioni della cima per i parabordi.

Per la cima dei parabordi usate solo il tipo a tre legnoli, a torcitura "americana ", altrimenti si streccia subito. Consigliamo di colore scuro.
Sotto i 9 metri di lunghezza va usata una cima da 12 mm lunga 1.6 m.
Da 9 a 12 metri di lunghezza usiamo cima da 14 mm lunga 1.7 m.
Da 13 metri di lunghezza usiamo cima da14 mm lunga 2.0 m.
Attenzione che i diametri vanno rispettati perché con le cime sottili, è più difficile fare il nodo e con cime troppo grosse o rigide il nodo tiene male.
Le bellissime cime intrecciate, a più colori, lisce e lucide, sono assolutamente inadatte perché non tengono il nodo, scivolano dalle mani e non hanno elasticità. Sono progettate per fare drizze e sono molto care.

Per motoscafi o imbarcazioni particolari con murate alte, la lunghezza della cima va adattata caso per caso, il parabordo va abbassato fino a toccare l'acqua poi fatti i due mezzi colli e lo strappo, devono avanzare 40 50 centimetri di cima.

La cima del parabordo deve essere impiombata ad anello, sul parabordo; la coda va fusa con la fiamma e poi nastrata o impalmata.

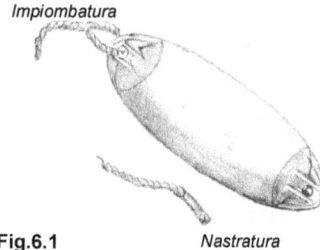

Impiombatura

Fig.6.1

Nastratura

Figura 6.1

Consigliamo senza dubbio, parabordi cilindrici con doppio occhio, in quanto sono più versatili. In certe situazioni, si possono collegare due o più parabordi in fila, sia in linee orizzontali sia verticali; inoltre è possibile legarli a mazzi, di tre o quattro. Si riesce così ad ottenere un parabordo di notevole diametro, molto efficace.

Fig.6.2

Figura 6.2

Oltre ai parabordi sopra elencati, ne serve almeno uno per difendere la poppa; in certi casi è meglio se sono due. Devono essere di diametro doppio rispetto a quelli sui fianchi, di forma sferica o cilindrica ma corti. Vanno tenuti ben gonfi.

Servono per riparare la poppa, ma si usano anche sui fianchi (quando c'e maretta) o, per difendersi dalle prue sporgenti dei motoscafi. Essendo molto ingombranti conviene tenerli appesi al pulpito di poppa. Come si vede in figura 6.3, solo un parabordo di grosso diametro, ci può tenere distanti da un motoscafo che ci sovrasta con la sua prua svasata.

Fig.6.3

Ancora più difficile é difendersi da pescherecci con attrezzature da pesca sporgenti. Come condizione ideale è sempre meglio ormeggiarsi,se possibile, vicino ad un'imbarcazione simile alla nostra, come forma e dimensioni.

Come proteggere la poppa:

• Con un parabordo sferico di grosso diametro:

Questo metodo è semplice e pratico, non è però sufficiente quando la barca rolla molto o quando a causa del vento non è più perpendicolare al molo.
Figura 6.4

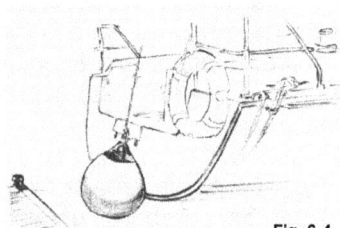
Fig. 6.4

• Con due parabordi, legati in fila orizzontale:

Questa sistemazione è molto stabile e protegge efficacemente sia i lati sia il centro della poppa. Può rimanere fissa in modo permanente a poppa in quanto non disturba né la scala né il sollevamento di un gommone.
Figura 6.5

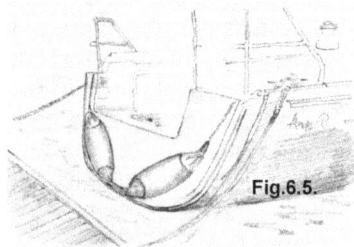
Fig.6.5.

• Con un parabordo speciale:

Si tratta di un parabordo concepito per le poppe moderne, in navigazione va in ogni caso tolto perché il bordo d'uscita di poppa, va sott'acqua e la corrente lo scalzerebbe. L'operazione di metterli e toglierli non è sempre agevole.
Figura 6.6

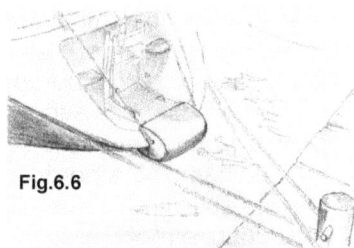
Fig.6.6

Come proteggere i fianchi (le murate).

I parabordi vanno posti uno per ogni candeliere.
Le imbarcazioni moderne, a poppa larga, Avendo lo spigolo di poppa molto pronunciato, ricevono e arrecano danni molto facilmente; pertanto devono mettere un parabordo in più al giardinetto appeso al pulpito.
Le imbarcazioni a poppa stretta, raramente hanno bisogno di questo parabordo. Fig.6,7
Le imbarcazioni, avendo il timone dietro, nelle accostate spostano essenzialmente la poppa. Per questo motivo quando si manovra, ci dobbiamo preoccu-

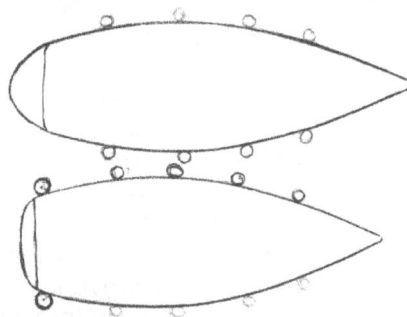
Fig. 6.7

37

pare dello spigolo di poppa. Chiaramente se si devono fare manovre di prua, sarà bene mettere dei parabordi, anche sul pulpito e sul dritto di prua eventualmente.

Figura 6.8

Per quanto riguarda la disposizione dei parabordi, un sistema forse non molto raffinato, ma certamente pratico è quello di tenerli fissati al loro posto sui candelieri, rovesciati all'interno della battagliola, dentro una tasca di rete, o in ogni caso sistemati, in modo da non poter essere agganciati dalla scotta del fiocco.

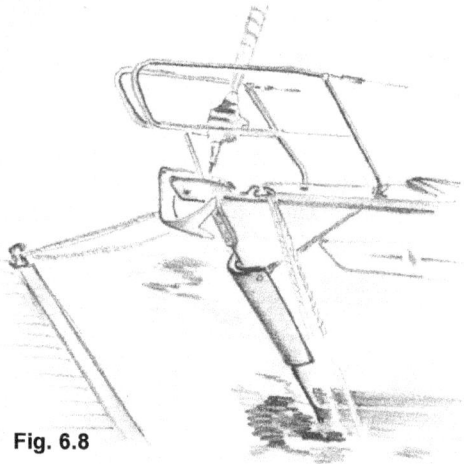

Fig. 6.8

Figura 6.9

Una rete bassa, fino alla prima draglia, è molto comoda, per trattenere i parabordi e se avete un cane piccolo a bordo. Una rete alta fino alla seconda draglia, è indispensabile se avete un bambino a bordo. Questa soluzione con equipaggio ridotto, è molto pratica, in dieci secondi, saltano fuori otto parabordi già perfettamente sistemati e saldamente legati. Al contrario possiamo perdere molto tempo se dobbiamo ripescarli dai gavoni, posizionarli e legarli.

Per riparare i fianchi, tenete sempre un parabordo grosso, libero, a portata di mano. Con questo vi potete difendere

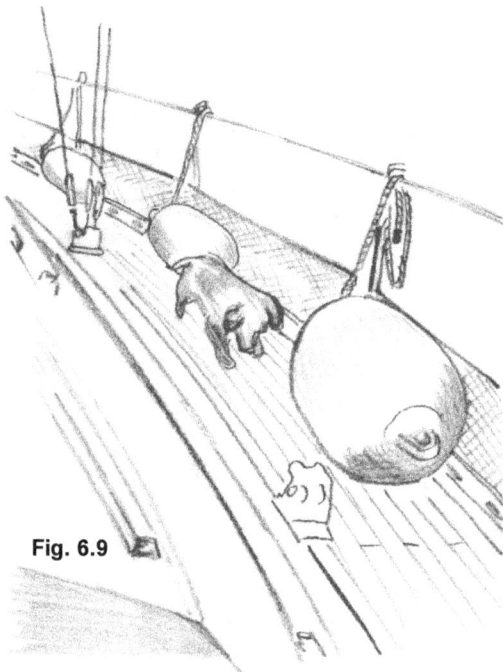

Fig. 6.9

dall'incosciente dell'ultima ora, che viene all'ormeggio a tutta velocità, assieme al temporale. Queste scene si vedono molto spesso, sono sempre i meno esperti che arrivano in porto per ultimi, sotto le raffiche di vento, fanno manovra con il motore imballato, a poppa ci sono nugoli di mani e piedi, protesi verso i nostri costosissimi candelieri. Occhi fissi e catato-

nici, ci guardano imploranti. "Non ti curar di loro, ma guarda e passa".
Prendi il parabordo sferico, mettilo fuori e tenendo la cima in mano, spostalo lungo la fiancata fino a parare la botta. Non preoccuparti d'altro, solo questo è importante; tutto il resto, si farà comunque dopo.

Gli errori più comuni sono questi: quando un parabordo, è legato sulla falchetta o su una bitta del ponte, la cima è troppo corta e quindi non ha nessun'elasticità, qualunque piccolo movimento, strattona il parabordo. Il risultato è un cigolio orrendo tutta la notte. Con maretta, i parabordi legati in corto, si perdono, per rottura della cima.

Inoltre il parabordo legato in corto, non si può spostare e quindi non lascia gioco ai parabordi della barca a fianco. Questo attrito tra le due barche, solleva e sbatte in coperta i parabordi non sistemati correttamente o con cime inadatte.

Fig. 6.10

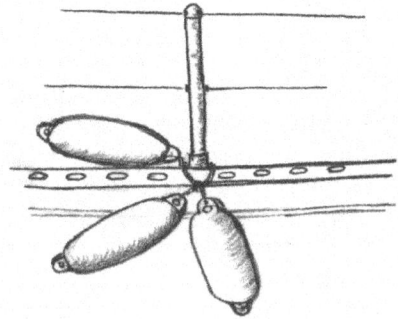
Fig. 6.10

I parabordi appesi correttamente con 60-80 cm di cima libera,si spostano e rotolano senza strattoni e cigolii con un movimento a pendolo, per poi ritornare nella posizione verticale, a fare il loro dovere.

Per ridurre o eliminare i cigolii e gli attriti, versate alcune gocce di detersivo per piatti sul parabordo o la cima incriminata.

Mai annodare i parabordi direttamente sulle draglie, il nodo non li può trattenere in quanto il cavo d'acciaio è liscio quindi scorrono in senso orizzontale e li troveremo raggruppati a due a due, lasciando ampi spazi non protetti. Inoltre gli strattoni fanno scorrere le draglie avanti e indietro con un consumo precoce per attrito. Figura 6.11

Come detto più volte i parabordi vanno fissati solo sulla parte alta dei candelieri o sui pulpiti con un nodo parlato, molto comune, ma che va rifinito con cura .

Quando entriamo o usciamo da un ormeggio, se abbiamo già messo tutti i parabordi nel modo corretto,

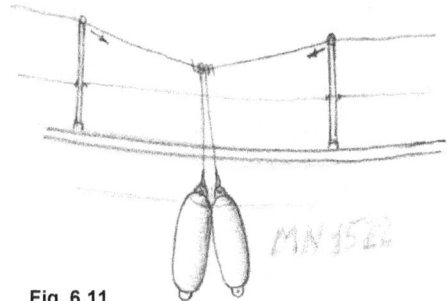
Fig. 6.11

possiamo concentrarci sulla manovra. Dimentichiamoci di loro, rotoleranno e poi ritorneranno al loro posto, senza problemi, anche quando c'infiliamo in un ormeggio angusto.

Ricordatevi, che i vostri parabordi, durante tutto l'inverno, fanno queste operazioni per centinaia di volte, anche quando non ci siete; se saranno stati fissati e posizionati nel modo corretto li troveremo tutti al loro posto. Dovendo ormeggiare di fianco ad un molo sporco di petrolio o altro, vanno usati degli accorgimenti. I parabordi usuali cilindrici, rotolando sporcherebbero le nostre fiancate.

Problemi simili, li abbiamo anche ormeggiandosi, sui moli di cemento, c'è il rischio reale che la sabbia che si sbriciola dal cemento tenda ad impastarsi con l'unto dei nostri parabordi, con il risultato finale di graffiare le fiancate della barca. In questo caso, possiamo munirci d'uno o due parabordi lenticolari, o di quelli piatti che non potendo rotolare, avranno una faccia sporca e l'altra pulita, e quindi non danneggeranno i fianchi. Saremo però costretti a pulirli prima di riporli.

Non avendo parabordi piatti, si può usare anche uno di grosso diametro e tenere ben ferma la barca in senso longitudinale con gli spring, in modo da impedirne il rotolamento.

Il sistema migliore è quello di prendere pezzi di vecchia tela grossa e appenderla alle draglie tra il molo e il parabordo. Dopo l'uso la tela piegata e riposta in un sacchetto, occupa pochissimo spazio non occorre pulirla e quando sarà troppo sporca si buttera. Fig.6.13

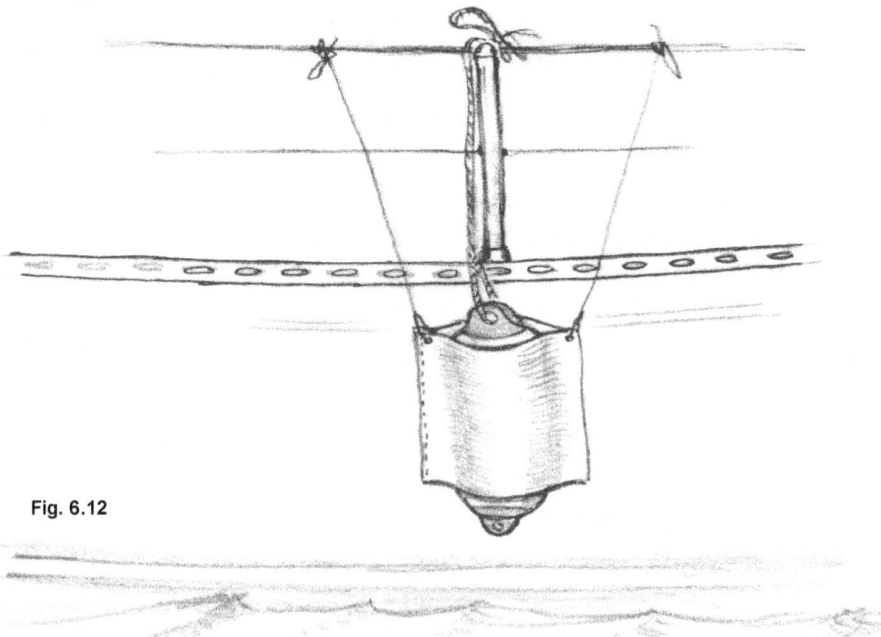

Fig. 6.12

I pro e i contro dei vari tipi di parabordo.

I parabordi sferici sono ottimi, quando serve tenersi distanti da qualcosa, ma sono ingombranti e difficilmente stivabili; l'ideale è averne due uguali appesi all'esterno sul pulpito di poppa.

Avendo un notevole volume d'aria, servono anche per spostare o recuperare oggetti pesanti in acqua, più avanti vedremo come.

I parabordi piatti, creano difficoltà per uscire da un ormeggio, costretti tra altre barche, in genere, vanno tolti. Essendo di spessore ridotto proteggono poco in caso di maretta. Sono invece molto validi quando ci si deve riparare da oggetti arrotondati come le briccole ad esempio o dagli spigoli dei moli.

CAPITOLO SETTTIMO

L'ormeggio di fianco.

Ormeggio di fianco ad un molo o pontile.

Abbiamo già visto che un'imbarcazione ha solo un lato di accosto favorevole, sarà perciò importante cercare di accostare sempre da quella parte. Trovato un tratto di molo libero con fondale adeguato, mettiamo i parabordi sul fianco d'accosto. Avviciniamoci al molo con un angolo di 30° gradi, a velocità minima. La persona a prua prenderà la coda della barbetta in mano e tornerà a centro barca, nella zona delle sartie. Essendo in una posizione più favorevole comunicherà al timoniere la distanza dal molo. Ad un metro da questo daremo macchina indietro, lasciando ferma la posizione del timone, terremo d'occhio fianco e prua, doseremo il gas fino a fermare la barca, senza farla retrocedere. L'effetto evolutivo dell'elica tirerà la poppa verso il molo. La persona a centro barca scavalcherà le draglie, andrà oltre la prua e passerà la cima su una bitta,   allascando o cazzando al fine di correggere eventuali movimenti della barca. Ritornerà quindi a bordo con la cima a doppino e andrà a prua a dare di volta.
Lo skipper farà la stessa identica manovra dalla parte della poppa. Ma

Fig. 7.1

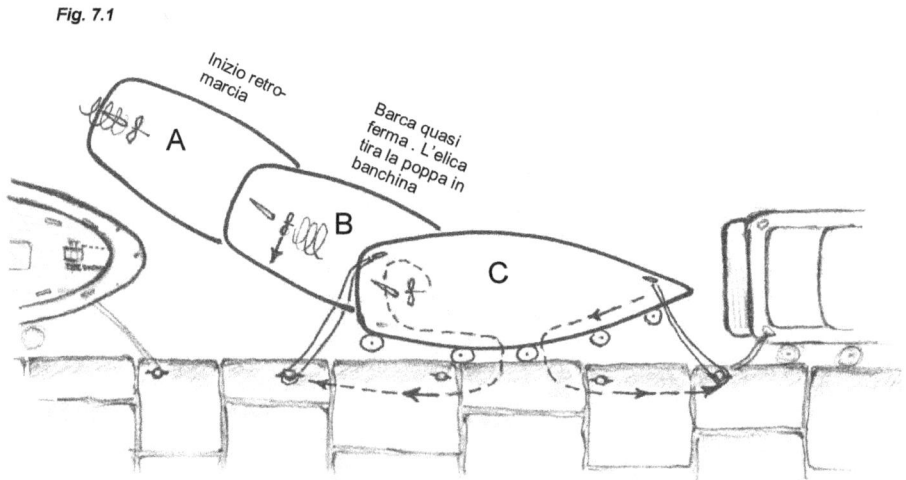

dovrà prima fermare l'abbrivio e mettere in folle il motore. . Figura 7.1 Conosciamo già la direzione del vento e della corrente e di conseguenza mettiamo in lavoro uno spring. A questo punto la barca è ferma e stabile.

Poi con tutta calma, completeremo l'ormeggio sistemando il secondo spring.

Un particolare importante: a tutte le manovre fate partecipare solo il numero minimo indispensabile; gli altri devono attendere. Definite prima i ruoli.

Imparate a fare le manovre solamente in due persone e ricordatevi che talvolta sarete costretti a farle da soli. Provate gradualmente con vento moderato.

Nella figura 7.2 vediamo una barca che, per motivi di forza maggiore,deve accostare con il lato meno favorevole.(In retromarcia l'effetto evolutivo dell' elica allontanerà la poppa dalla banchina).

Fig. 7.2

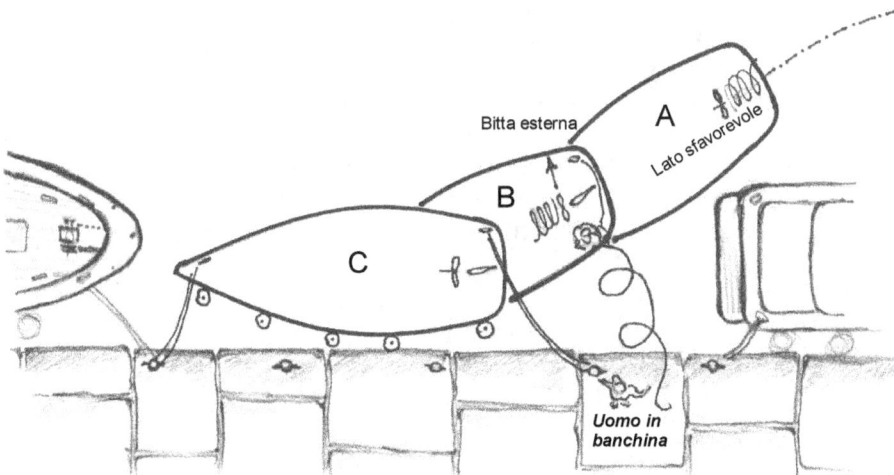

Bitta esterna   A   Lato sfavorevole

B

C

Uomo in banchina

Ne dovrete tenere conto quando darete macchina indietro.

Se c'e un vento, che vi spinge in banchina, non ci sono problemi. Nel caso contrario, qualche volonteroso che vi prende la cima si trova.

Se vedete che è persona esperta lasciate fare, vi legherà a prua e a poppa. Per voi sarebbe difficile e pericoloso scendere a terra con la barca che tende ad allontanarsi dal molo. Figura 7.2

Se non si è sicuri dell' esperienza della persona a terra è meglio lanciargli una cima da metà barca, ma si dovrà essere molto chiari nell' indicargli su quale bitta o anello dar di volta. Spostandosi in coperta avanti e indietro,

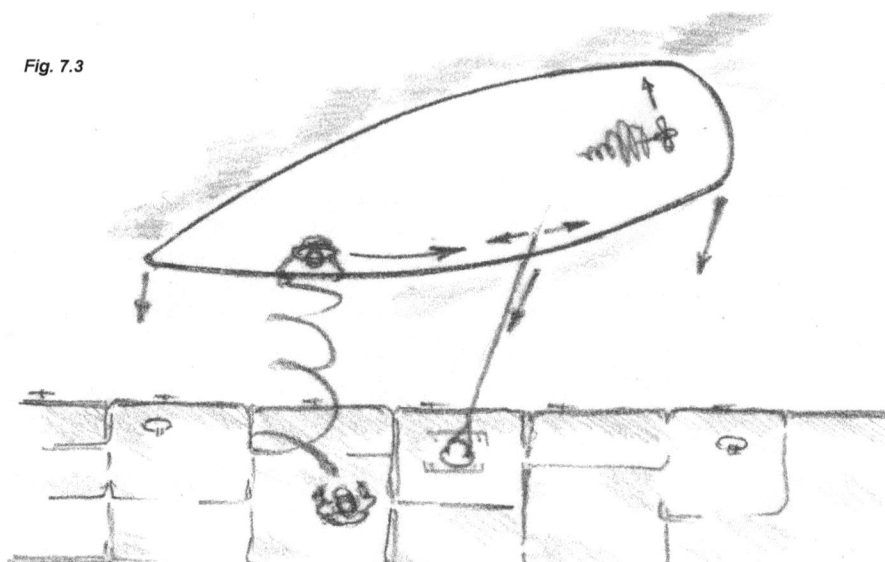
Fig. 7.3

con la cima in mano, sarà possibile trovare il punto di equilibrio per far accostare la barca parallela al molo. Figura 7.3

Come si scende da una barca con il fianco sul molo.

Da una barca con il fianco sul molo, si scenderà sempre dalla zona dietro le sartie in quanto questo è il punto del baglio massimo (dove la coperta e più larga e quindi più vicina al molo) inoltre le sartie sono un ottimo appiglio. Per una manovra corretta si metterà la mano destra sulle sartie, piede sinistro sul bordo interno della falchetta, mentre il destro, scavalcherà le draglie appoggiandolo sul bordo all'esterno. Si porta fuori l'altro piede appoggiandolo alla falchetta e si scenderà.
Agli ospiti inesperti insegneremo, come, dove e quando scendere. Figura 7.4
Soprattutto sulle barche più piccole o più leggere, scendendo si deve trattenere il molo con il piede e non darsi uno slancio, poiché la barca subirebbe la reazione della spinta, allontanandosi dalla banchina e voi,

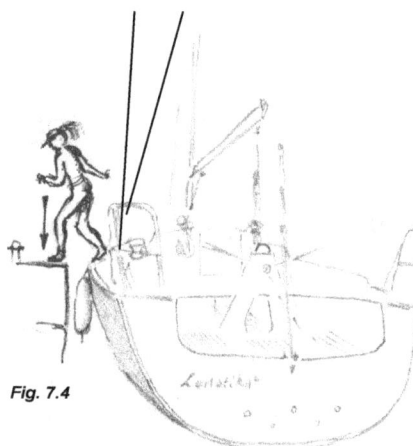
Fig. 7.4

se vi va bene, cadrete sul molo.
Chiaramente scendere da un'imbarcazione con le dovute aperture nelle draglie diventa più semplice e naturale.

Ormeggio di fianco o all'inglese.

Volendo ormeggiare di fianco ad altre barche, è sempre meglio dare prima un'occhiata, alla barca stessa, a com'è ormeggiata e all'equipaggio. Potremo così avere un'idea e decidere. Va tenuto conto anche delle dimensioni, e della situazione meteo. Prima di iniziare qualunque manovra, ci avvicineremo e chiederemo il permesso, in modo da evitare situazioni spiacevoli. Teniamo presente, che può essere molto piacevole fraternizzare con altri equipaggi; ma può essere anche pesante dover salire e scendere da una barca di un proprietario con un carattere difficile. In ogni caso ci preoccuperemo di toglierci le scarpe, di non appenderci ai candelieri e di non fare rumore quando gli altri riposano.

La manovra è identica a quella d'ormeggio di fianco ad una banchina. Se saremo in terza fila le barbette dovranno arrivare fino al molo, mentre basterà prendersi sulle bitte di prua

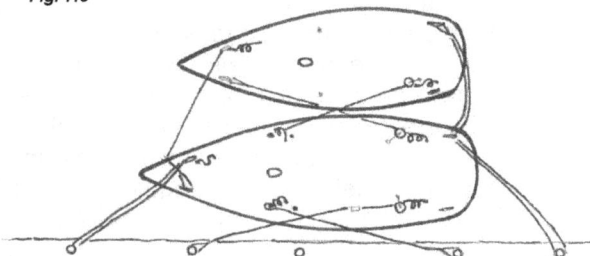

Fig. 7.5

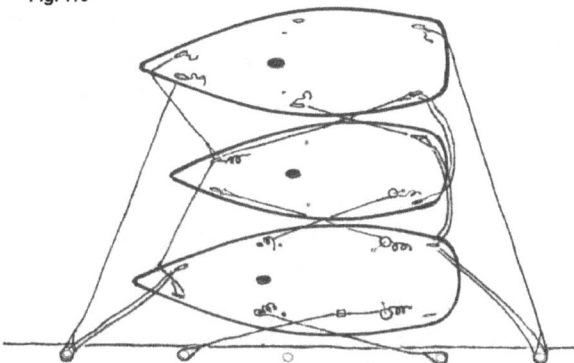

Fig. 7.6

e di poppa della barca affiancata, se saremo in seconda. Tutte le imbarcazioni dovranno avere gli Springs.
Osservate come le cime sono fissate sempre sulle bitte esterne. Se fissiamo le cime diversamente, al primo movimento ondoso ci saranno degli strattoni violenti perché la cima d'ormeggio, troppo corta, non ammortizzerebbe i colpi. Preoccupatevi inoltre di ormeggiare la barca con l'albero più a poppa di quello della barca ospitante. In caso di maretta al traverso

45

gli alberi e attrezzature oscillando potrebbero danneggiarsi.
Figura 7.5
Figura 7.6

Ormeggio su " finger"

Come manovra è molto simile all'ormeggio di fianco in banchina, in questo caso però, la barbetta di poppa va verso prua e dobbiamo quindi tesarla assieme allo spring . In fase d'ormeggio conviene prendere per primo lo spring di prua, mettere la marcia avanti e bilanciare con il timone, si tiene il motore al minimo e si mettono le altre cime. Questi pontili galleggianti, sono alti mezzo metro sull'acqua, sarà disagevole scendere e salire. Ci si potrà aiutare solo con una scala apposita. Questo tipo d'ormeggio è pertanto adatto ad imbarcazioni basse di bordo. I neofiti amano questo tipo di ormeggio, perché si entra di prua e i finger sono sempre bordati con un grosso bottazzo di gomma. Sono certamente pratici in caso di corrente trasversale come su fiumi e canali. Una volta infilata la prua, la barca ha i movimenti limitati. Un punto a sfavore è dato dal fatto che ci vogliono sei cime di ormeggio invece delle tre o quattro necessarie per un ormeggio su corpo morto. Figura 7.7

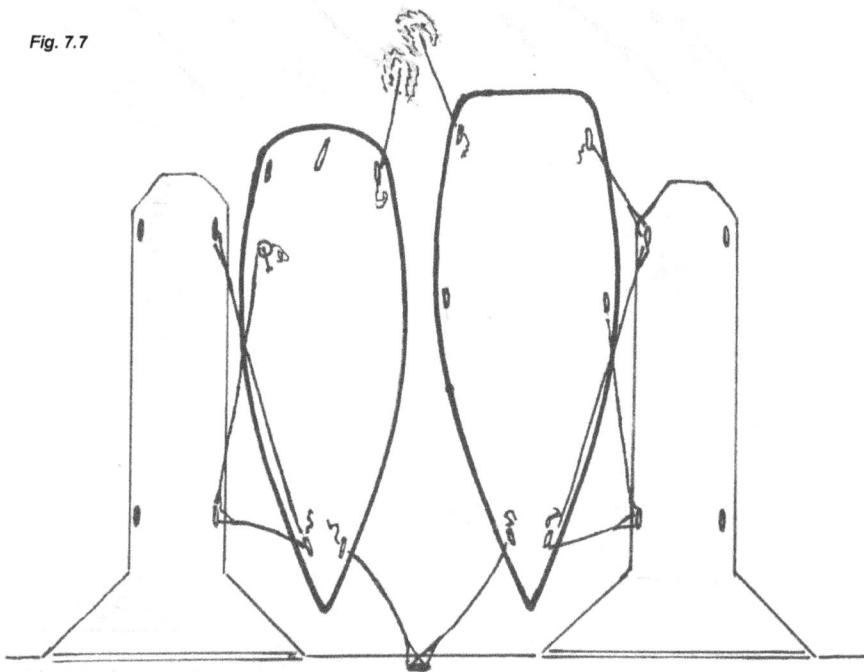

Fig. 7.7

Attraccare in banchina di fianco con vento o corrente in prua o in poco spazio.

Dovendo attraccare su una banchina, in uno spazio ristretto o con vento di prua, si deve fare una manovra particolare.
Valutiamo la situazione, passando lentamente paralleli al molo, studiando la zona del probabile attracco. Dopo aver valutato gli spazi disponibili e trovato un pezzo di banchina libera, pari alla lunghezza della barca più un metro e mezzo, individueremo la posizione di una bitta o altro appiglio per uno spring (meglio se sul molo e oltre la poppa). Figura 7.8
Si sistemeranno quindi due parabordi belli grossi al mascone e si armerà lo spring di prua passandolo sotto le draglie.
L'angolo di accosto al molo sarà di circa 30 gradi.
La barca toccherà, il molo, l'uomo a prua scenderà velocemente dal pulpito e andrà deciso verso poppa con lo spring in mano, prenderà una volta in bitta farà scorrere lo spring quanto serve, quindi bloccherà. Lo skipper doserà dolcemente il gas, con motore avanti e timone a sinistra e troverà l'equilibrio. La barca rimarrà stabile e accostata al molo. Quindi si bloccherà il timone e il motore resterà in moto in marcia avanti.

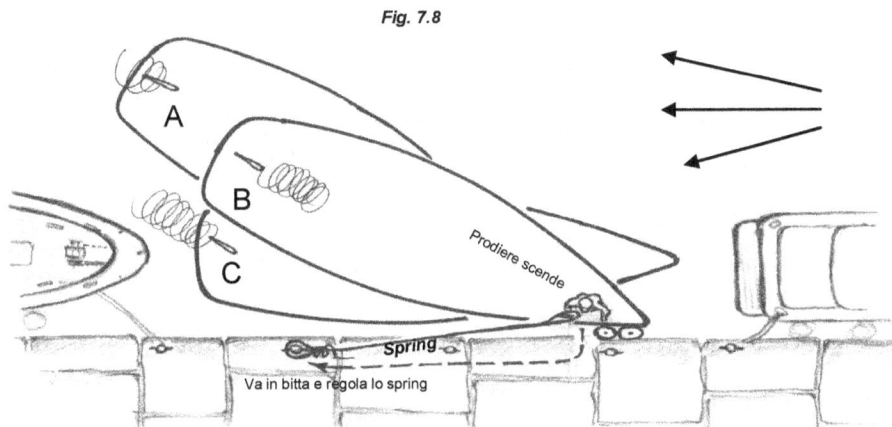

Fig. 7.8

La barca non può avanzare perché trattenuta dallo spring e rimane accostata per l'effetto di timone e motore. A questo punto si completa la manovra mettendo in lavoro le altre cime.
Attenzione per motivi di sicurezza non si può abbandonare la barca con il motore in moto e marcia innestata.

Questa manovra consente anche di attraccare in uno spazio più corto della barca, basta appoggiare il mascone come già visto,scendere, mettere lo spring e rimanere in equilibrio a 45°per restare pochi minuti o ci si può appoggiare leggermente sul mascone della barca dietro. Per correttezza chiederemo al proprietario della barca dietro se tutto e ok e lasceremo qualcuno a bordo per permettere a quello dietro di uscire. In questo caso libereremo a poppa e con timone e motore ci allargheremo quanto basta. Per poi accostare la poppa quando lo spazio dietro sarà libero.
Fig. 7.9

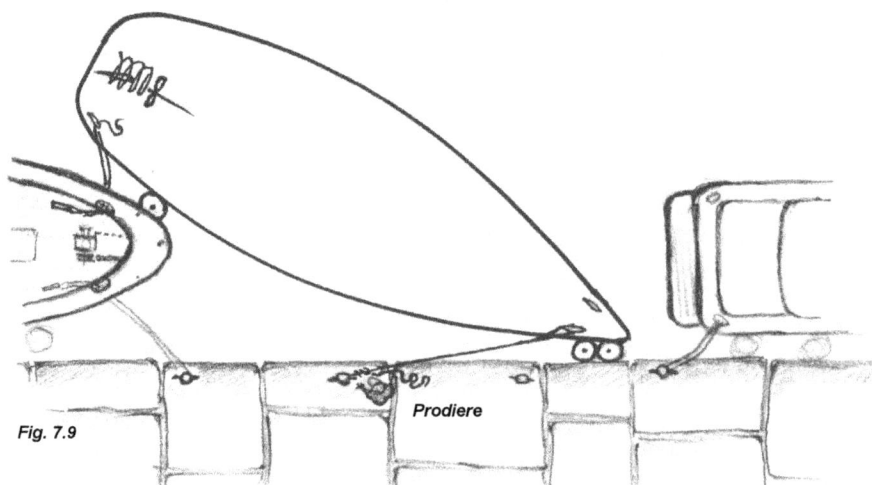

Prodiere

Fig. 7.9

Attraccare in banchina, sul bordo sfavorevole con vento o corrente.

Dovendo ormeggiare di fianco con vento forte in poppa, avremo difficoltà
a fermarci. Qualunque indecisione, ci porterà contro la barca ormeggiata
davanti. Figura 7.10

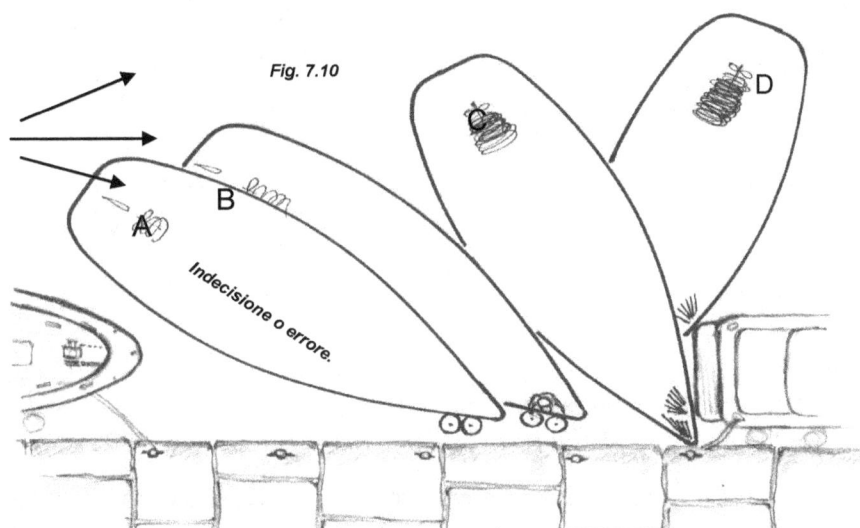

Fig. 7.10

Indecisione o errore.

Faremo meglio a cambiare bordo. Così facendo, andremo contro vento
con la prua, saremo sul bordo sfavorevole, ma sarà più facile fermare la
barca. Figura 7.11
Questo è uno dei pochi casi in cui l'aiuto da terra è indispensabile.
Ci faremo aiutare.
Prepareremo lo spring di prua con una larga gassa.
La manovra è simile alla precedente.
Ci presentiamo con la prua al vento, con due parabordi grossi sul mascone e il prodiere pronto a lanciare lo spring. In questo caso stiamo attrac-
cando sul lato sfavorevole e il vento tende ad allontanarci dal molo.   Dando marcia indietro la poppa si allontanerebbe ancora di più dal molo, perciò cercheremo di arrivare a distanza di lancio, con il minimo abbrivio possibile. Daremo indicazioni precise riguardo alla bitta sulla quale fissare lo
spring. A questo punto, il prodiere lascia scorrere in bitta o recupera
quanto serve e da, di volta. Lo skipper da motore avanti, fa toccare il
mascone e poi equilibra e fa accostare la poppa dando timone.

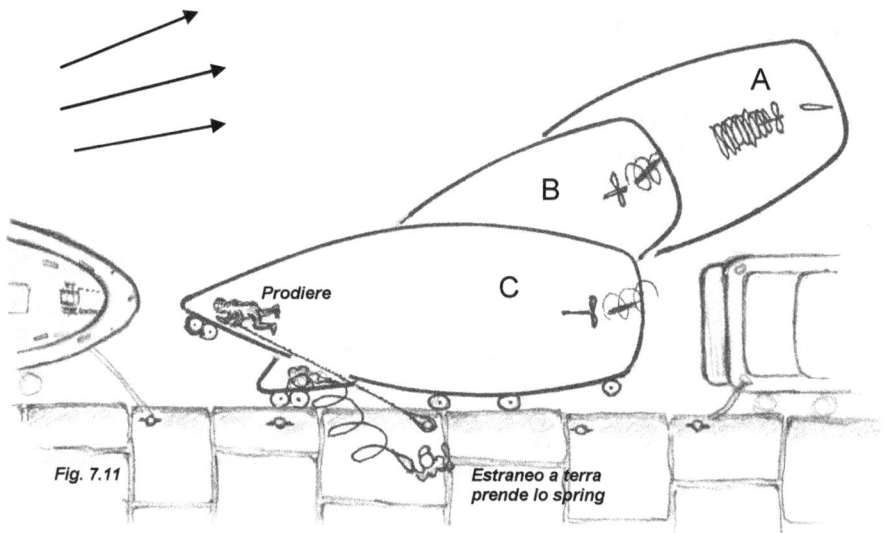

Fig. 7.11

Prodiere

Estraneo a terra
prende lo spring

Si tiene il motore in marcia avanti e timone bloccato,la barca è stabile,poi si completerà l'ormeggio con lo spring di poppa e le barbette.

Lasciare una banchina con imbarcazioni davanti e dietro e vento di poppa.

Per prima cosa sistemiamo due grossi parabordi a estrema prua. Potremo uscire, facendo forza sullo spring di prora. Prepariamo uno spring di prua a doppino, e verifichiamo che possa scorrere liberamente sulla bitta a terra. Mettiamo in moto, scaldiamo il motore; intanto togliamo le altre cime tranne lo spring. Motore avanti e bilanciamo con il timone per rimanere stabili. Se a prua è tutto ok, controlliamo che sia libero a poppa. Timone lentamente a destra, la barca scosta la poppa, ancora timone ed eventualmente più motore, controlliamo a prua: a posto. A poppa: libero. Ci allarghiamo fino a 45°. Saremo ancora in tempo a rimediare se ci sarà qualche difficoltà. Invertiremo la marcia e daremo motore indietro con decisione e subito dopo porteremo barra al centro. Lo spring, andrà in bando ed il prodiere dovrà mollare la coda dello spring dalla galloccia, buttarla in acqua e recuperare velocemente la cima. Il prodiere segue lo scorrere dello spring, quando la coda della cima dal molo scivola in acqua da un OK. A questo punto siamo sicuri di poter manovrare liberamente.
Figura 7.12
Un possibile punto critico di questo tipo di manovre è che lo spring si aggrovigli e quindi non venga via dal molo; in questo caso si tenta con uno strattone, se non si scioglie il timoniere toglie gas per alcuni secondi e il prodiere sgancia la gassa dalla bitta e butta lo spring in acqua, a perdere.

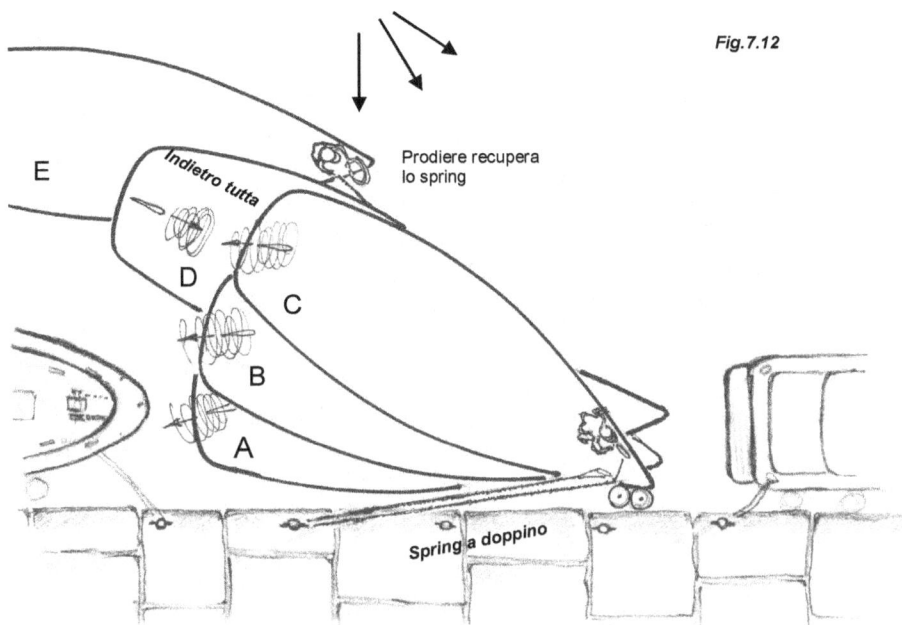

Fig.7.12

E

Indietro tutta

Prodiere recupera
lo spring

D

C

B

A

Spring a doppino

Ora capite perché ho insistito tanto con l'occhio della cima nella galloccia, mai un nodo, scioglierlo richiederebbe troppo tempo e sarebbe molto pericoloso per le dita.

Non ci possono essere esitazioni, una barca legata di prua non ha possibilità di governare.

Se c'è una persona sul molo, disposta a mollare lo spring, non occorre metterlo in doppio; verrà controllato però che a terra sia fissato con una gassa ampia e libera da eventuali altre cime.

Ancora delle precisazioni: quando sì da marcia indietro bisogna dare motore a tutta manetta per acquistare velocità e governabilità, ma solo sino a quando la nostra prua sarà libera dagli ostacoli, poi si deve ridurre, in quanto a marcia indietro, prendendo velocità, le reazioni del timone diventano brusche e poco controllabili. Un'altra situazione pericolosa si può creare in prua; se lo spring va in tensione, mai mani e dita o piedi, tra cima e barca.

Tenete inoltre conto che andando indietro la reazione dell'elica tenderà a tirare la poppa verso destra, quindi allargatevi bene prima di dare marcia indietro.

Lasciare una banchina, con imbarcazioni davanti e dietro. Con vento in prua.

Se non vi è chiaro da quale parte, si deve uscire da un ormeggio di fianco, ricordate solo che, fino a quando avrete uno spring fissato al molo, agendo su motore e timone, potete aprire e chiudere la barca come vorrete, ma una volta iniziata la manovra non potrete più interromperla senza rischi. Dovremo manovrare pertanto in modo da offrire meno resistenza al vento possibile. Così saremo sicuri di poterci allontanare.
Osserviamo la figura 7.13, usciremo con la prua al vento, così offriremo la minima sezione possibile, questa sarà la manovra più sicura.
Due palloni al giardinetto, spring a doppino a poppa, motore acceso e caldo, barra al centro. Motore indietro, la barca rimane accostata al molo.
A questo punto possiamo togliere tutte le altre cime. Aumentiamo lentamente i giri fino a, quando la prora si scosta, insistiamo, fino ad aprire la barca con l'angolo necessario per uscire.
 Dopo aver controllato che ci siano gli spazi per la manovra, marcia avanti e gas a seconda del vento o della corrente. Lo spring va in bando, il marinaio, libera la cima, la lascia scivolare in acqua e la controlla fino a quando è libera dal molo, da l'OK e recupera velocemente. Figura 7.13
A parità di corrente o vento, con lo spring a poppa, sarà più lento e fatico-

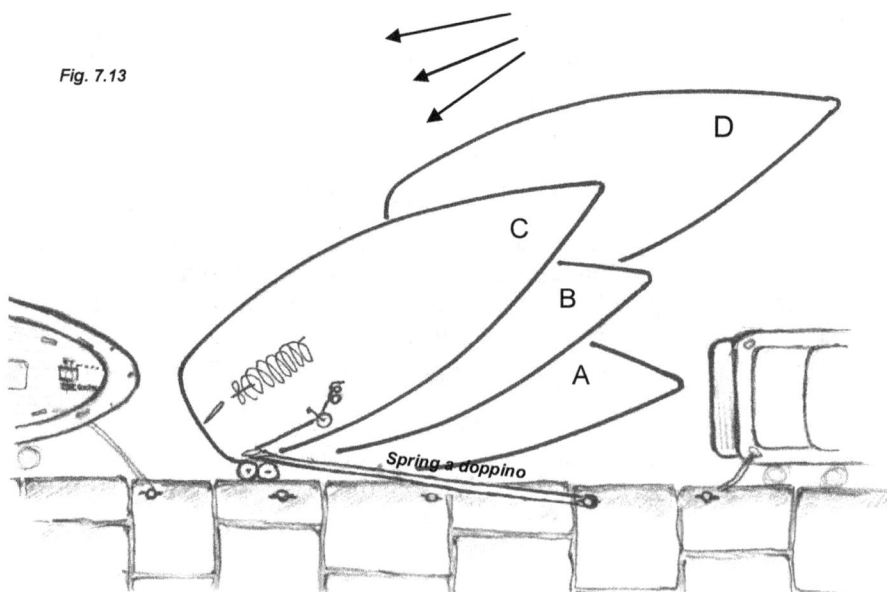

Fig. 7.13

Spring a doppino

so aprire la barca. Le leve in gioco, sono più piccole, rispetto a uno spring in prua, ma poi con "macchina avanti" sarà più facile uscire e governare subito.

Qual è la filosofia di tutte queste manovre.
E' molto semplice, non vi chiederei mai di fare manovre complesse, con vento forte e poco equipaggio, per uscire in mare, ma bisogna saperle fare per togliersi dai pasticci,(quando capiteremo sul molo sbagliato, con il temporale in arrivo). Un bravo marinaio trova sempre un posto sicuro per passare una notte tranquilla.

CAPITOLO OTTAVO

Ormeggi di poppa.

Ormeggio in una marina, con poppa in banchina e corpo morto sommerso.

Entrando in una marina con la barca, procederemo lentamente, cercando di individuare il marinaio di servizio.

Questa persona ci assegnerà un posto, che dovrà essere adeguato alle dimensioni e alle possibilità di manovra della nostra barca. Se intuiamo che avremo delle difficoltà, potremo sempre chiedere un posto più facile. Definito l'ormeggio, controllata la direzione e intensità del vento , lo skipper sceglierà da dove iniziare la retromarcia. Questa scelta è molto importante per la riuscita della manovra.

Il nostro equipaggio a questo punto, dovrebbe conoscere già i meccanismi della manovra; se ci sono dei dubbi, sarà meglio chiarirli subito. Nella figura 8.1 un vento teso viene da dritta inizieremo la manovra portandoci sopravento, rispetto all'ortogonale al molo. Inseriremo la retromarcia, solo, quando avremo portato prua e barca a quasi 45° rispetto alla banchina e ci sarà una distanza dalle barche ormeggiate di almeno due e lunghezze. A questo punto si può andare indietro, <u>ma senza invertire il timone</u>; la barca ha ancora abbrivio e va avanti per parecchi metri. <u>Soltanto quando inizierà realmente a retrocedere</u>, metteremo barra al centro e manovreremo in modo da entrare angolati, con la prua leggermente al vento. Nell'eseguire queste manovre, si dovrà fare attenzione alla prua, fino a quando l'imbarcazione si muoverà in avanti. Poi il timoniere, sta rivolto verso poppa. Entrando nell' ormeggio attenzione allo spigolo di

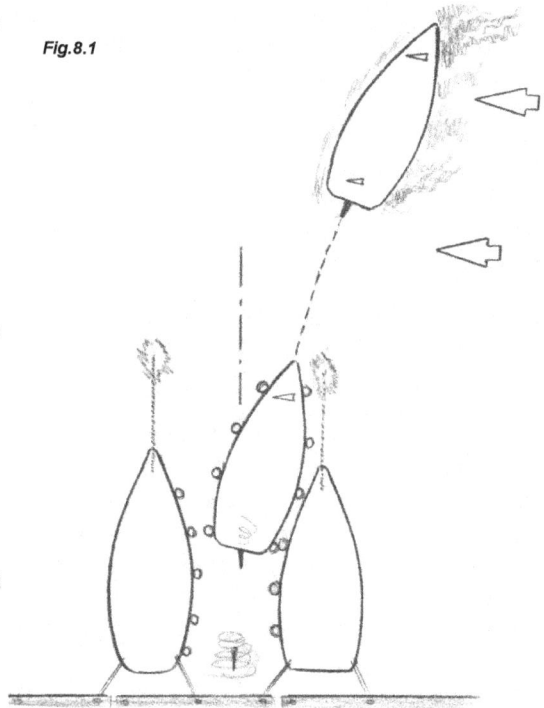

Fig.8.1

poppa sottovento. Più il vento è forte e più dovrà essere veloce la manovra. *

Dopo aver dato un ultimo controllo ai parabordi, su entrambi i lati e a poppa, l'uomo di prua farà attenzione ai fianchi della barca tenendo in mano un parabordo sferico grosso per rimediare ad eventuali errori di manovra. Finita questa operazione si porterà la gaffa verso poppa ad agganciare la cima che l'addetto a terra avrà fatto uscire dall'acqua. Quindi presa la tirella sul gancio, la farà scorrere fino al pulpito di prua, la passerà sotto di questo, recupererà la cima del corpo morto fino a metterla in tiro. Il timoniere allo stesso tempo, fermata la barca ad un metro dal molo e messo in folle, prenderà la cima di poppa di sopravento e la lancerà all'addetto a terra, che la ritornerà a doppino. Questa cima sarà fissata con quattro giri sul winch lasciando un po' di lasco e senza bloccarla con nodi. Il prodiere se avrà bisogno d'aiuto, lo chiederà e aspetterà, ma dopo aver dato una volta attorno alla galloccia o se necessario attorno all'argano. Cercare di trattenere una cima con le mani, sotto raffica, può essere pericoloso per se e per la barca.

Valutata la situazione; basterà un'occhiata tra l'equipaggio per poi agire di conseguenza. Per ultima, sistemeremo l'altra cima di poppa di sottovento. A questo punto vanno regolate in sequenza prima la cima di prua e poi quelle di poppa. Un occhiata ai parabordi e per ultimo, quando la barca sarà stabile, ci si preoccuperà della passerella e di un'eventuale spring a poppa.

In figura 8.2 va notato come l'addetto alza e mette in tensione la cima per facilitare l'aggancio. Il mezzo marinaio va tenuto con due mani, scostato dalle draglie, ben alto e in fuori, in modo da passare al di fuori dei parabordi. Se si perde la cima, bisogna ritornare a poppa e sperare che il marinaio sul molo sia veloce nel porgerla di nuovo.

Sarà sempre tenuta ben presente, la posizione della cima rispetto alla nostra elica; si possono provocare danni notevoli se noi o il marinaio a terra non saremo più che accorti. Ci vuole attenzione anche quando si lascia l'ormeggio, la cima di prora va mollata in acqua e si deve attende-

Un errore tipico di chi ha poca pratica è quello di invertire il timone quando si inserisce la marcia indietro, in realtà la barca ha ancora abbrivio in avanti e quindi la barra va lasciata come si trova fino a quando la barca, parecchi secondi dopo, inizierà a retrocedere. In questa fase non aspettatevi che l'imbarcazione risponda, la velocità è minima e il timone, l'elica e lo scafo lavorano dalla parte opposta a quella per cui sono stati progettati. L'effetto del timone si farà sentire solo quando lo scafo avrà acquistato un minimo di velocità. Solo a questo punto correggerete la rotta con angoli di barra minimi. I timonieri poco esperti, non sentendo rispondere la barca, portano la barra alla banda da una parte e dall'altra rallentando lo scafo e rovinando la manovra.

Fig. 8.2

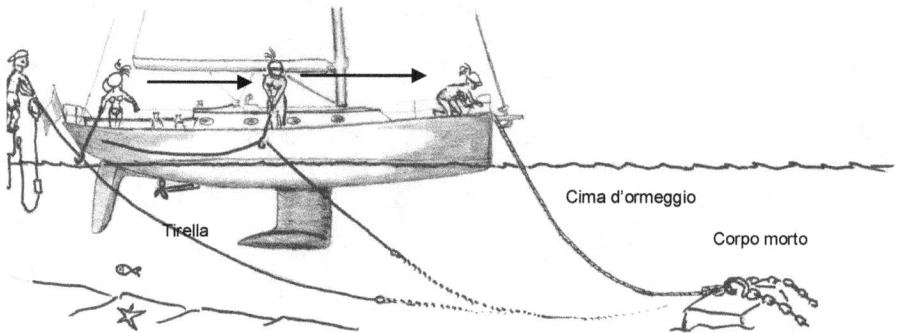

re che affondi più in basso della chiglia a questo punto il marinaio griderà: "liberi!" o farà un cenno con la mano e potremo dare motore.

Ricordiamo sempre di mettere due parabordi belli gonfi sullo specchio di poppa, perché capita di non poter dare motore a causa di cime vicino all'elica, o in ogni caso di non poter mettere subito in tiro la cima di prua. Questi parabordi pertanto ci proteggeranno da eventuali urti contro il molo.

L'uomo a prua dovrà indossare guanti di cuoio, per fare presa anche su una cima piena di limo. Inoltre i guanti proteggono dalle concrezioni taglienti e animaletti urticanti che spesso ricoprono le cime sommerse. Attenzione anche agli ami da pesca, sono pericolosi.

Prima di iniziare una manovra d'ormeggio, per riuscire a eseguirla bene e con tranquillità, vanno fatte le seguenti operazioni e controlli.

- I parabordi vanno dati fuori tutti con molto anticipo.
- Un parabordo grosso a pallone resta libero per ogni evenienza.
- A prua e a poppa le quattro barbette devono avere l'occhio nella rispettiva galloccia, e non ci devono essere altre cime sulla stessa galloccia.
- Queste cime escono da sotto i pulpiti e rientrano da sopra per essere adagiate in coperta senza nodi.
- Il pozzetto e la coperta devono essere sgombri, da qualsiasi ostacolo (cime, vele, animali, bambini).
- I mezzi marinai telescopici, uno per lato, vanno allungati e bloccati.
- A poppa ci sono due parabordi all'altezza giusta.
- Il pozzetto è sgombro.
- L'equipaggio ha guanti e scarpe.
- Le vele sono serrate.
- Le cime del carrello del trasto, tesate e bloccate.
- Scotta della randa, tesata e bloccata.
- Il motore è in moto e caldo.

- Il salpancora ha la corrente inserita e il comando è OK.
- Sappiamo com'è fatto il porto e i fondali.
- Il GPS è acceso e centrato sul porto.
- Abbiamo letto le informazioni sul portolano.
- Nel porto sappiamo dove ci conviene stare?
- Conosciamo le previsioni meteo, decidiamo di conseguenza quale sarà la zona del porto più protetta.
- Il bambino e il cane, sono sottocoperta.
- L'equipaggio è informato ed è disponibile in coperta.
  OK possiamo andare.

Spieghiamo ora una manovra che sembra banale, ma che molto spesso crea problemi ai neofiti: il lancio della cima. Figura 8.3
Si prende in mano la matassa della barbetta, che deve essere di lunghezza ben definita, come abbiamo già visto. Si divide in due parti, una metà nella mano che lancia e il resto nell'altra, in mezzo due metri di cima libera. Ci si pone ben saldi, appoggiati al pulpito, con la cima da lanciare esterna rispetto al pulpito o alle draglie. Si lancia, da una distanza di tre metri al massimo e solo quando avrete l'attenzione del ricevente. Il lancio, va accompagnato con la mano dolcemente dal basso leggermente verso l'alto, non si mira mai al corpo ma alle mani del ricevente o a terra di lato.
Mai lanciare cime con attaccati grilli o catene che possono arrecare danni gravi agli altri, a voi stessi e alla barca.

Fig.8.3

Se la cima è bagnata o sporca, lanciatela solo a terra, mai sulla persona. Il gesto del lancio è identico a quello del seminatore , la mano destra parte dal fianco sinistro con un ampio arco di cerchio in orizzontale o leggermente inclinato.

Ascoltate con attenzione eventuali consigli o ordini del marinaio a terra e chiedete conferma allo skipper, perche le decisioni spettano solo a lui.

Ormeggio di poppa in banchina senza aiuto a terra.

Questa manovra è molto simile alla precedente con delle varianti.
Si possono presentare due situazioni:
A) Tirella o cima attaccata alla banchina, senza boa.
Questo è il caso più difficile, perché bisogna infilarsi nell'ormeggio e arrivare, molto vicini alla banchina,per poter sporgersi a poppa, agganciare la cima e poi portarla a prua.
Se la nostra barca ha una plancia di poppa, può essere vantaggioso scendere su di essa per avere la cima da agganciare più vicina.
 Figura 8.4 .Con la stessa tirella lo skipper trattiene la barca sotto il molo per poter poi scendere a fissare le cime.
Messo il motore in folle, prende il capo della cima di sopra vento e scende a terra; la passa nell'anello o bitta e ritorna a bordo con la cima a doppino in mano, fa quattro giri sul winch, lasciando la cima in bando fino a, quando non è tesato l'ormeggio di prua. Poi quando tutto è chiaro, si completa l'ormeggio. Per questo tipo di manovra, saranno necessari due parabordi, di grosso diametro, fissati correttamente sullo specchio di poppa, perché dovremo sicuramente appoggiarci in banchina per scendere. Sconsigliamo l'uso di passerelle di poppa in questa fase, perche quando le abbassiamo, possiamo ferire le persone sul molo e non è sicuro camminarci sopra se la barca non è saldamente ormeggiata. Soltanto le imbarcazioni con le scalette idrauliche possono usarle in sicurezza, durante l'attracco, in quanto la passerella è sostenuta da un pistone.

Tirella sommersa

Fig. 8.4

B)Tirella o cima con gavitello.
In questo caso il gavitello è posto a circa tre metri dal pontile o molo.

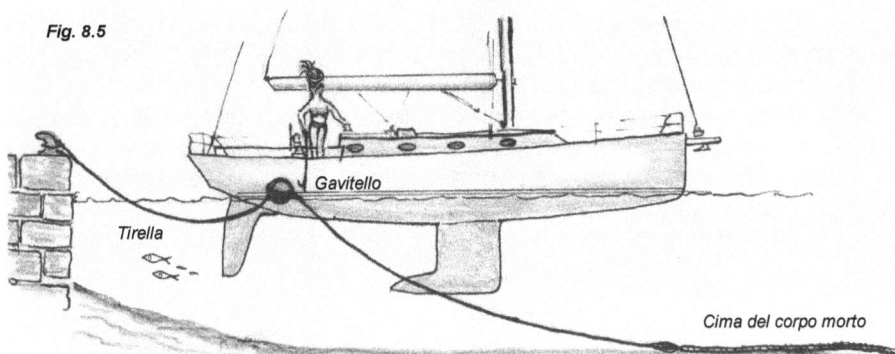

Fig. 8.5

Gavitello

Tirella

Cima del corpo morto

Arretriamo fino ad avere il gavitello di lato.
La cima è facilmente agganciabile con il mezzo marinaio anche dal ponte. Figura 8.5
Il gavitello è molto visibile e indica chiaramente la posizione del pericolo.
Con il mezzo marinaio, si deve agganciare la tirella che va dalla boa verso il fondale, Non dalla parte che va verso il molo. Tirando poi a bordo da prua questa tirella, tireremo su dal fondo la cima d'ormeggio vera e propria. Adesso è chiaro perché queste cime si chiamano "tirelle".

Quando ormeggiarsi di poppa, diventa difficile.

Se abbiamo il vento di fianco, e non c'è
un'imbarcazione su cui appoggiarsi sottovento, potremo avere delle difficoltà.
Saremo in grado di controllare la nostra barca, fin quando avrà un buon abbrivio, ma dal momento in cui rallenteremo, per agganciare la tirella del corpo morto, a, quando il marinaio inizierà a metterla in tiro, passeranno una ventina di secondi. In questo breve lasso di tempo la barca si traverserà a causa del vento. Se il timoniere, sarà sce-

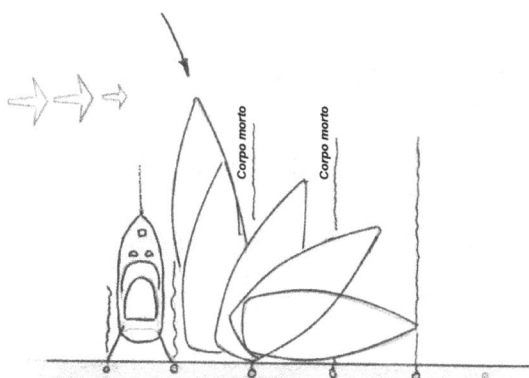

Corpo morto

Corpo morto

Fig. 8.6

so a terra per fissare la cima, non potrà ne dare motore ne aiutare a pru-
a. La barca batterà lo spigolo di poppa e se non sarà messa in tiro la cima di prua, andrà inesorabilmente con il fianco in banchina. Ci troveremo
a questo punto con un paio di cime sotto lo scafo più o meno fonde e
quindi non potremo usare il motore. Figura 8.6
Arrecheremo ancora più danni se la prua abbattendo andrà a sbattere su
altre barche.
Da questa situazione si esce solo con l'aiuto di un gommone, ma non
trainando la barca dalla prua, perché in tal caso batteremo la poppa per
la seconda volta, ma tirandola, o da un punto centrale o ancora meglio,
bilanciando il tiro tra prua e poppa mediante le cime degli spring che essendo più lunghe, sono le più adatte. Figura 8.7

Fig. 8.7

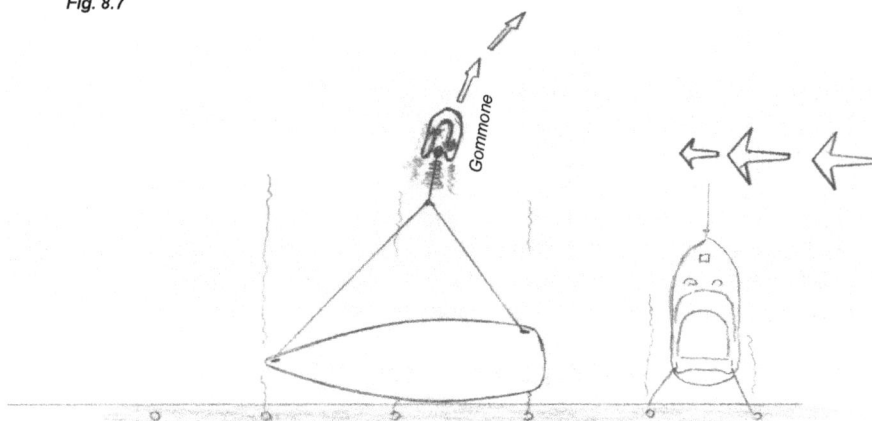

A parole sembra tutto semplice, ma in realtà, per prendere il gommone,
metterci un motore, sistemare le cime e istruire l'equipaggio passa molto
tempo. Dovremo ancora trainare la barca in acque libere, risistemare tutto, rifare la manovra. (Pertanto se possiamo, evitiamo questa manovra in
caso di vento al traverso).
 Se invece dovremo per forza ormeggiare senza una barca sottovento,
prepareremo due moschettoni con bocca molto larga, collegati tra loro
con due metri d'elastico robusto. Quest'attrezzatura dovrà rimanere in
dotazione nel gavone di prua. Apertura del moschettone almeno 26 mm
per agganciare candelieri e pulpiti. Figura 8.8
Inizieremo la manovra e passando il più vicino possibile alla barca sopravento. L'addetto alla manovra, si concentrerà per agguantare al volo con
il mezzo marinaio, il pulpito di prua o il primo candeliere, e vi aggancerà il

moschettone sotto la draglia bassa. L'altro moschettone era già stato fissato alla nostra barca.

Quest'operazione, essendo basata su un collegamento elastico, non può essere considerata offensiva da parte del proprietario della barca vicina.

L'elastico impedisce alla prua di abbattere e ci permetterà allungandosi di arrivare fino al molo con la poppa senza trascinarci dietro l'altra barca. Figura 8.8

Per evitare di rovinare in qualunque modo la barca su cui ci agganciamo provvisoriamente è meglio infilare sul moschettone un tubetto di gomma.

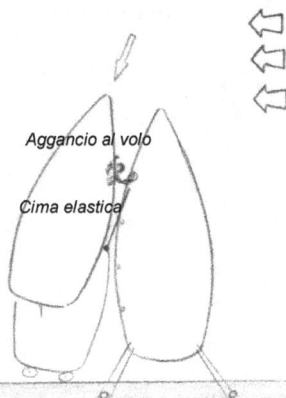

Aggancio al volo

Cima elastica

Fig. 8.8

Ormeggio tra le briccole

Questo tipo d'ormeggio è basato su due pali di legno o cemento piantati sul fondo. Sono forniti di anelli scorrevoli, che tengono due barbette. Tra briccola e banchina, dovrebbe esserci sempre una cima, tesa ad un'altezza tale da impedire all'imbarcazione di traversarsi. Figura 8.9

I vantaggi di questo tipo d'ormeggio sono evidenti, infilata la barca tra le due briccole, questa non può ne scarrocciare ne traversarsi, anche se non è ancora trattenuta con le cime.

Questo tipo d'ormeggio è facile, solo se ci sono già armate le cime d' ormeggio, e se le

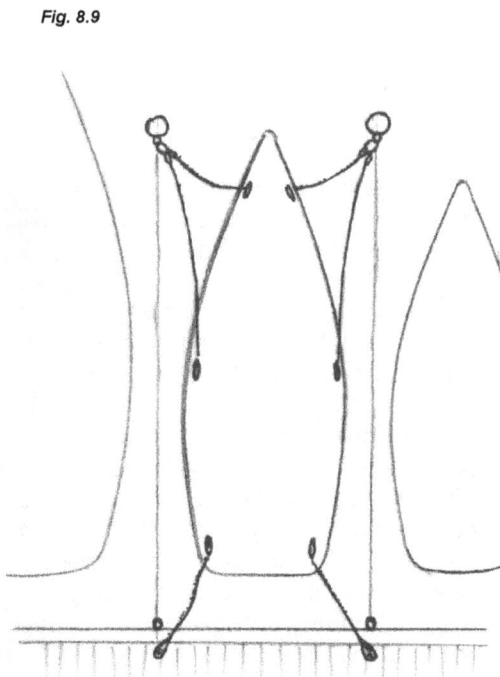

Fig. 8.9

briccole all'altezza della falchetta sono rivestite di gomma. Ricordate che ci si ripara da una botta contro un oggetto tondo come le briccole, soltanto con due o più parabordi legati in fila orizzontale, o meglio ancora con parabordi a forma di materassino rettangolare.

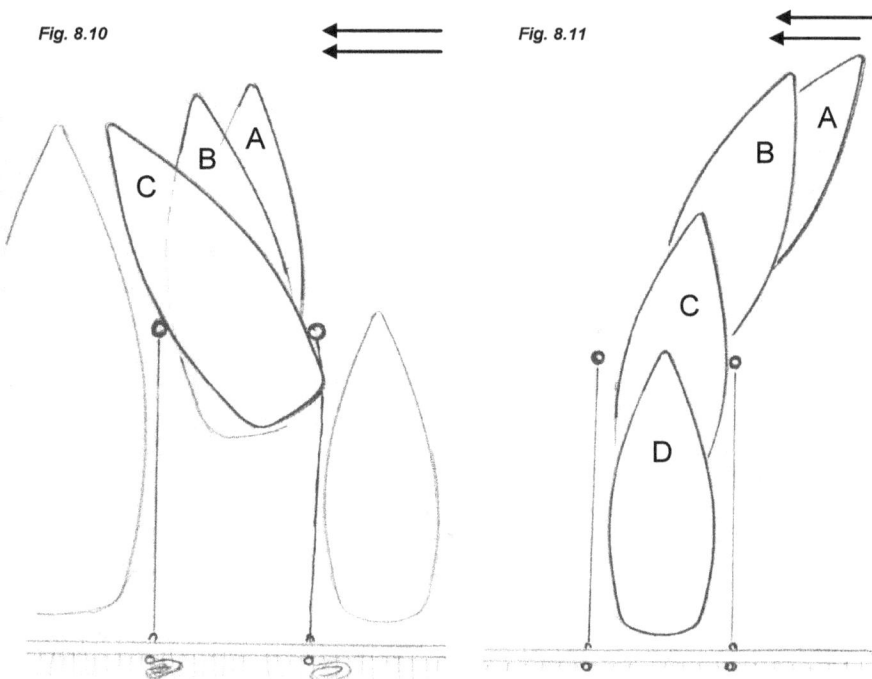

Fig. 8.10

Fig. 8.11

In caso di corrente trasversale, s'inizia la manovra da dove proviene la corrente. Tra le briccole non indugiate, si deve entrare con decisione, altrimenti rimarrete incastrati.

In figura 8.10 si vede come ci s'incastra se non si entra con un certo angolo sopravento o verso la corrente.

Nella figura 8.11 la manovra è impostata correttamente, siamo angolati e dovendo rallentare, la corrente metterà in riga la barca.

Saper rinunciare:
Nei casi in cui le condizioni meteo sono critiche, in relazione al tipo d'ormeggio, alla barca o all'equipaggio, si deve saper rinunciare. Si può cercare un ormeggio provvisorio più maneggevole, sul quale attendere condizioni più favorevoli o ci si mette all'ancora alla ruota. Si può anche girare lentamente in tondo e attirare l'attenzione con un corno da nebbia o con il VHF e attendere che: o il marinaio del porto o qualche altro volonteroso ci dia una mano con un gommone.

CAPITOLO NONO

Ormeggi di prua.

Ormeggiare, di prua, perpendicolari alla banchina.

Con un aiuto in banchina

Concettualmente l'ormeggio di prua è molto simile a quello in poppa, con vantaggi e svantaggi. Talvolta, in condizioni meteo avverse, è il solo ormeggio possibile. L'ormeggio di prua è sicuramente vantaggioso per quelle imbarcazioni a chiglia lunga, con timoni poco efficaci, che hanno difficoltà a manovrare a marcia indietro. Sono pure avvantaggiate le imbarcazioni con timoni poco efficienti o con eliche che tirano brutalmente di lato (effetto evolutivo).

Per eseguire questa manovra, avremo un uomo a prua, con l'occhio della barbetta già in bitta, passata sotto il pulpito Si preoccuperà soltanto della distanza dal molo, e darà una voce allo skipper.

Il timoniere, per tenere ferma la barca, si regolerà, traguardando gli oggetti di fianco o semplicemente fissando l'acqua, se sarà necessario, darà motore per mantenere la barca ferma.

L'uomo a prua lancerà sempre per prima la barbetta di sopravento, all'addetto a terra che la passerà in bitta e la restituirà a doppino, oppure in caso di vento la fisserà a terra provvisoriamente per sveltire la manovra.

Il timoniere potrà ingranare marcia indietro, con un filo di gas. La prua, rimarrà stabilmente scostata dal molo, ma la poppa inizierà a scadere più o meno velocemente.

L'addetto a terra metterà in tensione la tirella e la solleverà.

Il nostro uomo a prua l'aggancerà con il mezzo

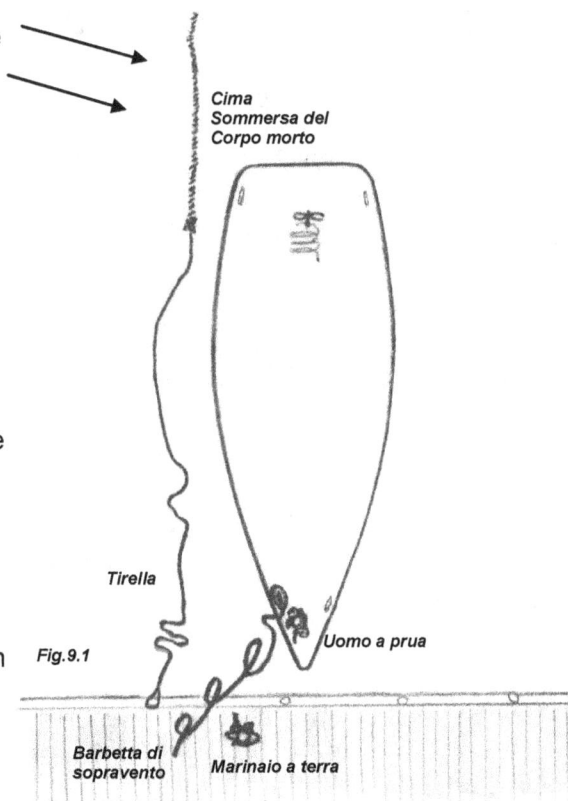

Cima Sommersa del Corpo morto

Tirella

Fig.9.1

Uomo a prua

Barbetta di sopravento

Marinaio a terra

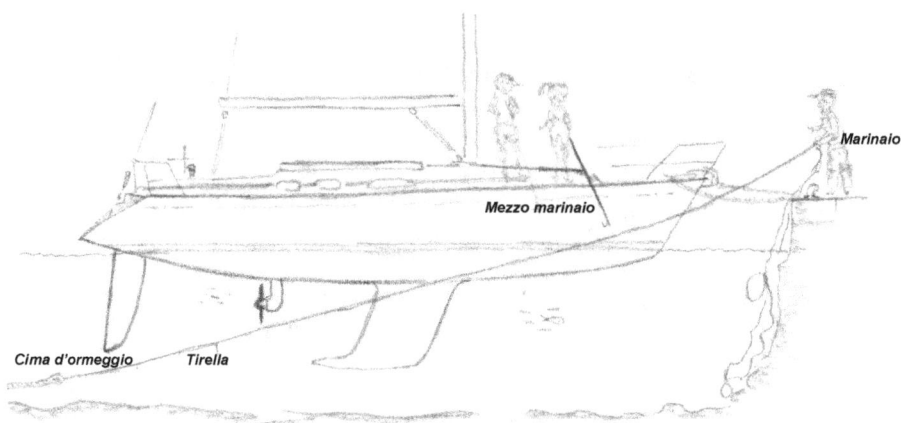

Figura 9.2

marinaio, la farà scorrere sul mezzo marinaio, fino a poppa per poi tendere e fissare la cima del corpo morto. Verrà quindi completata la manovra, sistemando la seconda barbetta, mettendo quindi in tiro, prima le cime di prua e poi quella di poppa.

Quando, il marinaio del marina, inizierà a recuperare la tirella del corpo morto, il motore dovrà essere in folle. Se sarà necessario, si potrà lasciarlo in marcia indietro, ma ci vorrà una particolare attenzione, tenendo sempre presente l'elica e la posizione della tirella. Figura 9.2

Nel caso di vento di poppa o di fianco il timoniere dopo aver fermato la barca, potrà andare verso prua a prendere la cima del corpo morto. Così facendo si ridurranno i tempi dell'ormeggio, e quindi la tendenza che la barca ha di andare in banchina o di traversarsi. In caso di vento forte si passerò prima possibile la cima d'ormeggio su un winch o direttamente o con uno troppo.

Senza un aiuto in banchina

L'operazione, può essere relativamente agevole, su una banchina alta, ma se si dovrà scendere su un pontile galleggiante, da un 12 metri, la cosa diventa pericolosa. In tal caso è assolutamente necessario avere una prua adeguatamente attrezzata con una scaletta .

Quest'attrezzatura va in ogni caso, provata prima, con calma. Si faranno poi quelle modifiche necessarie a rendere questa scala sicura e velocemente agganciabile alla nostra prua.

Gli spazi, dove poter mettere i piedi e girarsi, sulle prue moderne, sono molto limitati e in genere sono privi d'antisdrucciolo. Pertanto è opportuno

aggiungere strisce autoade-
sive d'antisdrucciolo dove
necessario.
Per uscire da un pulpito di
prua,ci si gira sempre verso
poppa, si tengono sempre
due mani sul tubo, si sca-
valca con una gamba e poi
l'altra. I piedi vanno appoggiati dove c'e
l'antisdrucciolo. Ci si porta
dietro la cima e si va alla
bitta di sopravento e si da di
volta. Se serve, si può dare
motore indietro.
Si recupera poi la tirella del
corpo morto e tesandola
alta la si porge allo skipper
che la porterà dietro.
In questo tipo d'ormeggio,
sono favorite le barche con
il pulpito aperto o abbassato
e la scaletta facilmente agganciabile o integrata.
Fig. 9.3

Fig. 9.3

Ormeggi di prora particolari.

Qualche volta
bisogna arran-
giarsi. Special-
mente in agosto,
i porti sono affol-
lati. Ad esempio
nello splendido
porto di Primo-
sten in Dalma-
zia, alle tre del
pomeriggio non
c'è più un posto,
ma poi sulla te-
sta del molo, lar-
go solo sei metri,
si ormeggiano

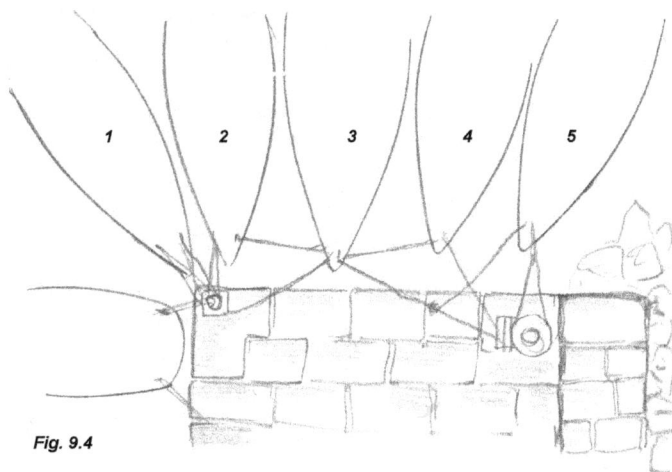

Fig. 9.4

ancora cinque o sei barche. Tutte a ventaglio, su solo tre corpi morti.
Per starci tutti, senza arrecare danni, bisogna togliere le ancore di prua e
sistemare un po' di parabordi e di spring.
Figura 9.5
Nel porticciolo di Santacroce sulla costiera triestina i posti bisogna inven-
tarseli e con una barbetta a prua e un'ancora a poppa, si riesce a ormeggiare per la notte, anche dove il molo non c'è. In questo caso, la cima di
prora e quella di poppa sono messe volutamente in linea e la barca sta
ferma senza disturbare il vicino. Figura 9.6
Talvolta chiedendo il permesso ci si può ormeggiare infilando parzialmente la prua tra due barche ormeggiate, con una cima a terra e ancora a
poppa. Le barche ormeggiate davanti riescono a entrare e uscire.
 Figura 9.7
Se il tempo peggiora, ci tireremo indietro o cambieremo ormeggio.

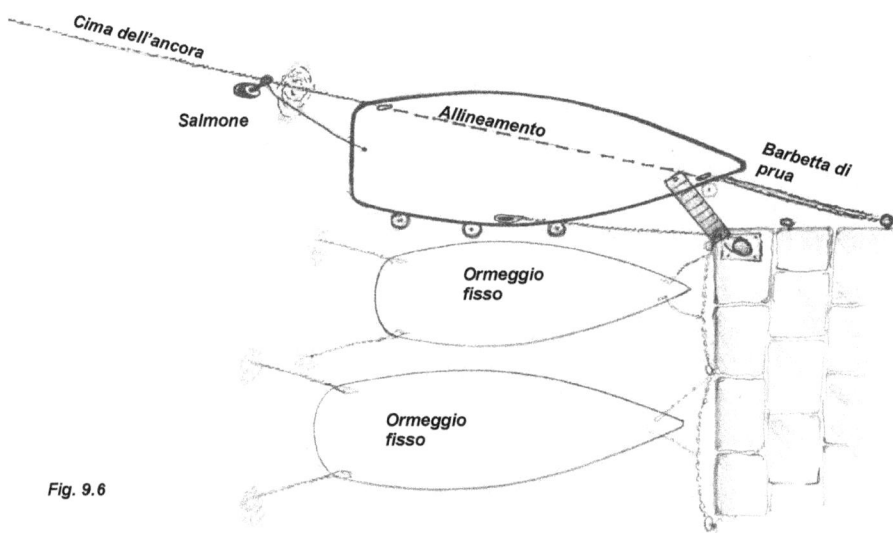

Fig. 9.6

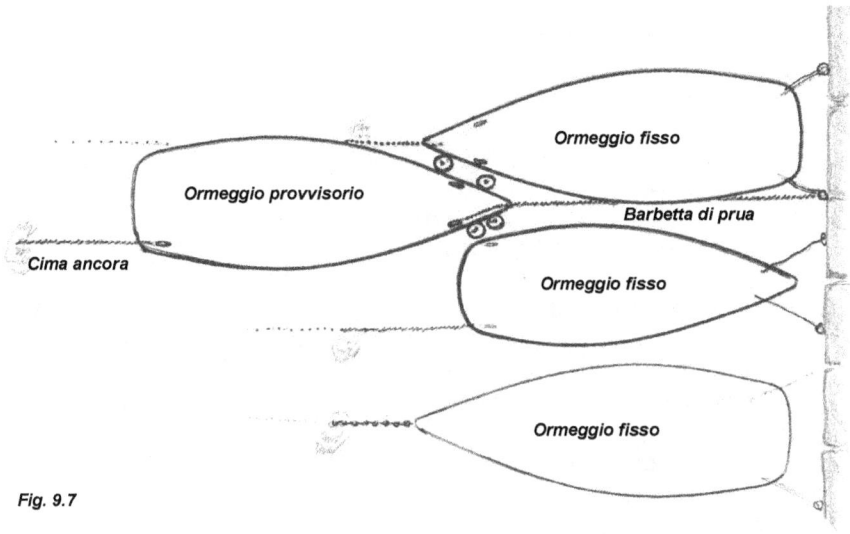

Ormeggio fisso

Ormeggio provvisorio

Barbetta di prua

Cima ancora

Ormeggio fisso

Ormeggio fisso

Fig. 9.7

CAPITOLO DECIMO

Ormeggio in boa.

Questo sistema d'ormeggio era da sempre molto diffuso nei porti.
Oggi vi sono molte baie naturali con decine di boe a pagamento.
L'ormeggio è libero a tutti, entro certi limiti di stazza. Alla sera si presenta un marinaio su un barchino per riscuotere il costo dell'ormeggio, di solito porta via i sacchetti delle immondizie.
Come prendere la boa:
Un tempo quando le barche non avevano la plancia a poppa ci si aggan-
ciava ai gavitelli, prendendoli dal mascone di prua, ma non è mai stata un'operazione facile, sia per l'altezza della prua, sia per il poco spazio. Inoltre la presenza del pulpito o delle draglie, hanno sempre dato fastidio. Talvolta quando la cima della boa era corta, ci si doveva sporgere tra le draglie o infilare sotto il pulpito per cercare di infilare l'anello del-la boa. Era quasi una specialità da contorsionisti. Fig. 10.1

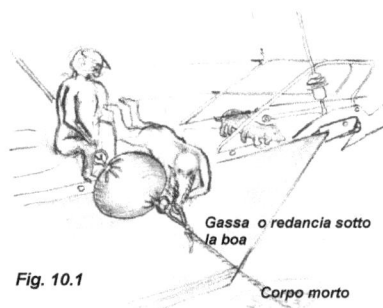

Gassa o redancia sotto la boa

Fig. 10.1

Corpo morto

Oggi sulle barche moderne, con la poppa aperta o con una plancetta, si ha il gran vantaggio di potersi avvicinare alla boa da poppa e agganciarsi con minori difficoltà. Il timoniere ha il vantaggio di avere sempre sott'occhio, la boa e il marinaio. Attenzione però che un'eventuale caduta del marinaio da questa posizione è sempre molto pericolosa per la vici-nanza dell'elica.

Lo skipper, individuata la zona più riparata anche in relazione alle condizioni meteo previste, e tenendo conto anche delle esigenze dell'equipaggio, sceglie una boa libera. Le si avvicina da sottovento e fa un ampio giro attorno, lentamente, per verificare il fondale, la distanza da eventuali peri-coli e per dare tempo al marinaio di preparare tutto. Fig. 10.2

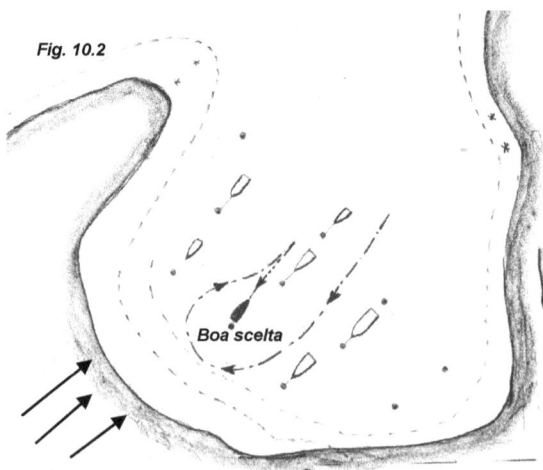

Fig. 10.2

Boa scelta

Il marinaio intanto sceglie una cima lunga almeno due volte la barca, mette l'occhio in bitta a prua e la porta a poppa passando "tutto fuori".

Va sulla plancia di poppa, pronto ad agguantare la boa. Lo skipper intanto ha completato il giro e si dispone con la boa di poppa in filo di vento. In questa posizione la barca offre poca resistenza al vento e quindi la migliore manovrabilità. A questo punto, si da marcia indietro, tenendo presente il lato d'accosto. Ci si dirige verso la boa, dobbiamo arrivarci a distanza di braccio e fermi.

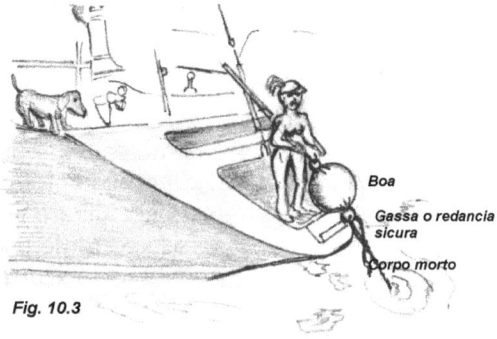

Boa

Gassa o redancia sicura

Corpo morto

Fig. 10.3

Quando il marinaio l'a presa, la rovescia e passa il capo della cima, nella redancia del corpo morto. Figura 10.3

A questo punto va velocemente verso prua con il capo della cima a doppino in mano ma è fortemente ostacolato dall'inerzia della barca e dal fatto che inizia a scadere di poppa e a ruotare di 360°. Quando lo scafo è ortogonale al vento, oppone una notevole resistenza, è meglio avere già preso due volte in bitta.

Con vento teso, non è un'operazione semplice, c'e il pericolo che la cima o la boa vada sotto la poppa. Il portare la cima verso prua, può essere molto faticoso. Nelle posizioni due e tre della figura 10.4 esponiamo la massima sezione al vento. Il timoniere non può fare molto, ha la barca ferma e quindi non governa, può solo dare motore indietro, per diminuire il tiro della cima. In posizione quattro può dare marcia avanti per favorire la rotazione e diminuire la presa al vento. Idem nella posizione cinque.

In questa situazione, se siamo solo in due, è più sicuro e conveniente che, lo skipper aiuti il marinaio a trattenere la cima e

Fig. 10.4

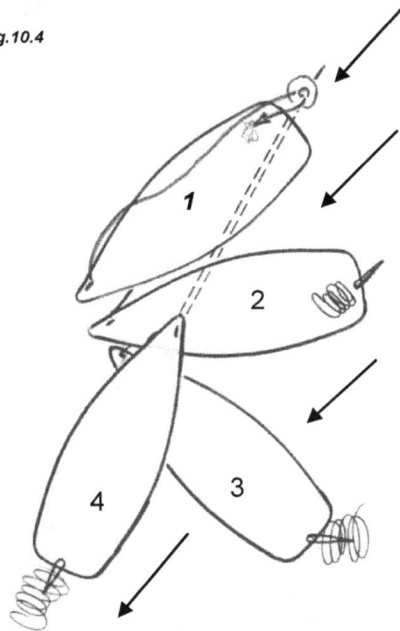

a portarla a prua.

Quando c'è troppo vento, provvisoriamente ci si può ormeggiare alla boa di poppa. Avremo, però, il fastidio delle onde che s'infrangono da dietro, specialmente sulle barche moderne con poppa larga e piatta.

Sulle barche con poppa alta e senza plancia, conviene prendere la boa da prua, come abbiamo visto in figura 10.1. Si arriva sulla boa lentamente con vento in prua lasciandola sul lato di dritta. Il marinaio la aggancia con la gaffa e la solleva, fino a rovesciarla oltre le draglie (sperando che ci sia cavo sufficiente). In questo caso la boa è in una posizione relativamente stabile e sta ferma solo per alcuni secondi, s'infila la cima nella gassa e si passano almeno due metri. Con sollecitudine si ributta la boa in mare prima che cominci a tirare insistentemente. Motivo di difficoltà potrà essere il vento o la corrente o la cima che collega la boa al corpo morto troppo corta. Valutata la situazione, lo skipper dovrà decidere se ordinare di mollare e rifare la manovra o, dopo aver arrestato la barca, andare a prua per aiutare a sollevare e trattenere la boa, mentre l'altro, tenendo la cima fuori dalle draglie, la passerà dentro la redancia del corpo morto.

In generale nel fare queste manovre lo skipper dovrà sempre considerare l'eventualità di perdere la presa della boa, con conseguente scarroccio, prima di essere nuovamente in grado di manovrare. Una particolare attenzione quindi agli ostacoli sottovento che in un campo di boe sono in genere maledettamente vicini.

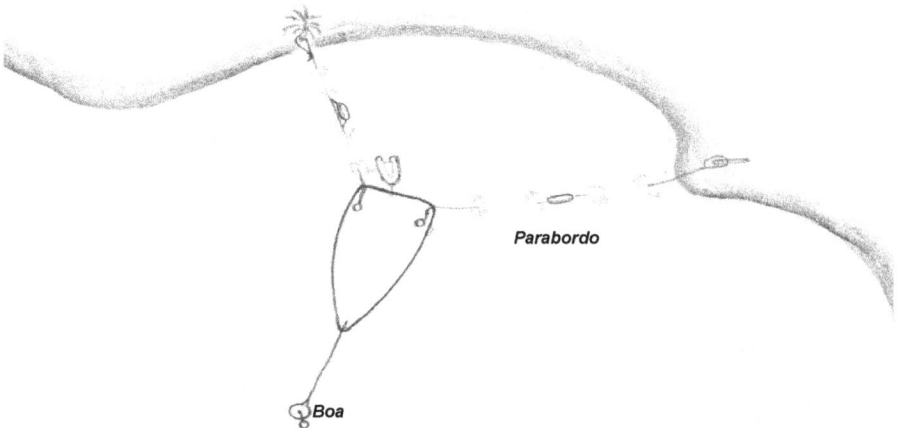

Paraborbo

Boa

Fig.10.5

Nel caso in cui, scegliamo di prendere una boa delle file esterne, possiamo poi portare una o due cime a terra in modo da mantenere un orientamento fisso. Questa cima è molto comoda per scendere a terra con il gommone, basta, infatti, tirarsi su di essa per farlo muovere velocemente. Per motivi di sicurezza si metterà sempre un parabordo o ancora meglio un gavitello, per segnalare la presenza della cima. Nel caso, sia previsto vento forte da terra, una cima in quella direzione sarà un fattore di sicurezza notevole.

Figura 10.5

Ricordatevi, di segare la punta del vostro mezzo marinaio, perché con i puntali tradizionali non si riesce a infilare l'occhio delle boe perché il puntale andrebbe a battere sulla boa, impedendo al gancio di arrivare nell'anello .

Figura 10.6

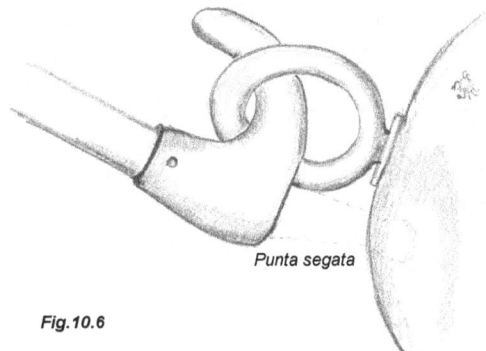

Punta segata

Fig.10.6

Ci sono in commercio dei ganci da maneggiare con il mezzo marinaio per agganciarsi e sganciarsi da una boa, attenzione però che vanno fatti provare a tutto l'equipaggio, perché non hanno un funzionamento molto intuitivo bisogna quindi farci un po' di pratica. Nella figura 10.7 si vede come ci si aggancia. Poi si ritrae il mezzo marinaio e il moschettone si chiude,vedi fig.10.8 . Per riaprire il moschettone spingeremo di nuovo la punta del mezzo marinaio nell' anello di commando.

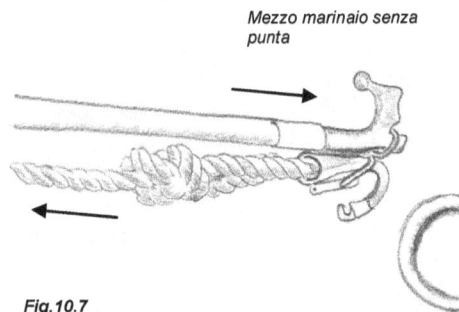

Mezzo marinaio senza punta

Fig.10.7

Il sistema è pratico e sicuro ma dopo con calma passeremo comunque una cima d'ormeggio direttamente nella redancia del corpo morto sotto la boa. Non fidatevi mai dell' anello sopra la boa anche se è di ferro o di inox ne ho visti diversi svitarsi dalla boa. Finita la vostra manovra, sarete in filo di vento, lasciate il motore in marcia al minimo,

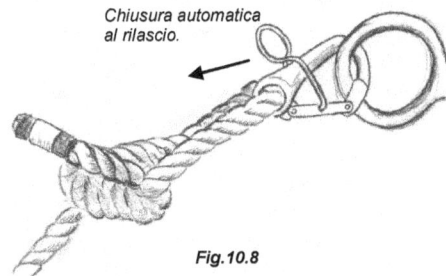

Chiusura automatica al rilascio.

Fig.10.8

prendete il gommone e andate a mettere un doppino passandolo nella redancia del corpo morto. Togliete la cima provvisoria.

Un altro sistema per prendere una boa si basa sul lancio di una cima in doppio. Vanno poi incrociati due volte i capi e andranno bloccati su due bitte distinte. Fig. 10.9

Questo tipo di lancio riesce bene anche da prua perché si è favoriti dalla posizione alta e dominante. In ogni caso è meglio avere la boa al mascone perché la presenza dello strallo di prua impedisce un lancio frontale.

Si tratta in ogni caso di una presa provvisoria che andrà poi sostituita da una cima passata nella redancia sotto la boa. -

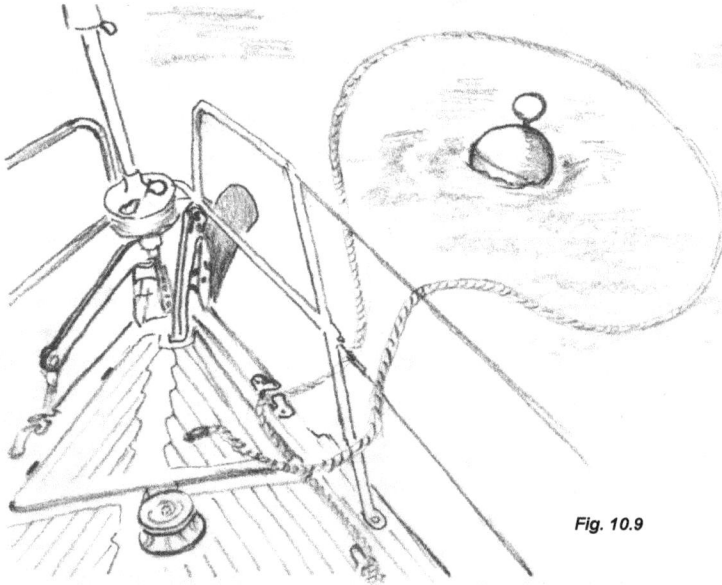

Fig. 10.9

CAPITOLO UNDICESIMO

LA "LINEA D' ORMEGGIO"

Le migliori ancore in commercio.

BRUCE: ottima ancora; ha il vantaggio di adattarsi molto bene alle prue delle barche a vela, e nella versione originale è molto robusta. Tiene molto bene sui fondali fangosi e sabbiosi, fa invece difficoltà a prendere sui fondali con alghe. In ogni modo quando prende, tiene bene. Sui fondali con alghe, non tentate nemmeno di

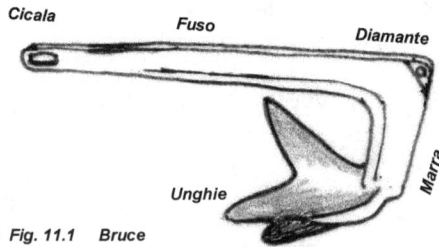

Fig. 11.1   Bruce

metterla in tiro, si riempirebbe di vegetazione, e non sarebbe facile pulirla nemmeno sollevandola dal fondo. In tal caso si dovrà salparla completamente e pulirla a mano, prima di ritentare la manovra. Condizioni meteo permettendo, lasciamola riposare, poi la metteremo in tiro delicatamente con più interventi, a distanza di tempo. Dopo un paio d'ore, avrà fatto presa perfettamente.

La BRUCE, relativamente compatta e corta è molto adatta a essere usata come seconda ancora, perché non ha punte offensive, né articolazioni e quindi è facile spostarla e riporla. Se appoggiata in coperta o su un gommone, non si rovescia facilmente.

CQR: ottima ancora, fa presa anche sui fondali con alghe. Se deve cedere, lo fa lentamente, arando.

Quest'ancora ha alcuni difetti: la punta e lo snodo sono molto offensivi e se si appoggia in coperta, si rovescia facilmente. Maneggiarla è sempre pericoloso. La considero un'ottima ancora da tenere armata in prua, ma poco adatta come seconda ancora da maneggiare, riporre e portare fuori con un gommone. Nel caso, si sia costretti a farlo, è meglio sollevarla mediante una cima fissata al diamante.

Fig. 11.2   CQR

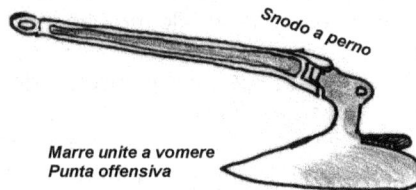

DELTA: E' molto simile alla CQR e ha, gli stessi pregi. Non avendo lo snodo, rimane stabile, quando viene appoggiata. Questa ancora, è stata studiata per essere montata su un occhio di cubia basculante, ed essere data fuori con il comando del salpancora, dal pozzetto.

Essendo costruita in lamiera d'acciaio zincato è molto robusta; forse si potrà piegare, ma non si spezzerà. Ha un unico difetto, l'aspetto molto industriale, per non dire brutto.

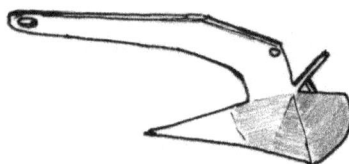

Fig.11.3 Delta

DANFORTH: Questa ancora è stata sviluppata negli anni trenta, per gli idrovolanti, in quanto, messa di piatto sulla fusoliera, era molto aerodinamica. Per l'uso aeronautico, era in alluminio, alcune case la costruiscono così, ancora oggi. Si tratta di un ancora a marre mobili con ceppo.

Ha un'ottima tenuta su fango, buona su sabbia, ma non è sempre facile la presa su sabbia compatta. Assolutamente inadatta alla prua di una barca a vela, è praticamente impossibile metterla sul basculante.

Marre mobili

Fig.11.4 Danforth

Difficile anche da maneggiare e riporre. Per le sue forme piatte si adatta invece molto bene a grossi motoscafi e yacht, con occhi di cubia sui fianchi della prua.

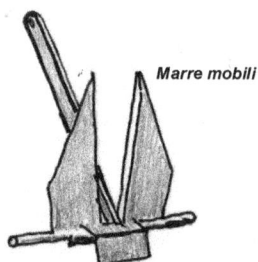

GRAPPINO: Ancora adatta a fondi rocciosi. Ha un grosso difetto; avendo le marre strette, tiene poco su sabbia e fango. Il tipo a marre pieghevoli è adatto ai gommoni e piccole imbarcazioni, in quanto non è mai offensivo e chiuso diventa piccolo e facilmente stivabile. Viste le dimensioni ridotte, qualcuno usa il grappino come seconda ancora.

I pescatori che operano su fondali rocciosi dove le ancore tradizionali s'impiglierebbero con conseguenti perdite di tempo o d'ancore, usano un grappino particolare fatto con quattro tondini di ferro piegati. Se questo grappino s'incastra

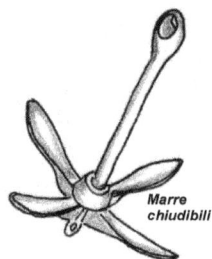

Marre chiudibili

Fig.11.5 Grappino

nelle rocce, per salparlo, tirano con forza, le marre cedono piegandosi e l'ancorotto viene su. Il pescatore ripiega le marre e l'ancorotto è pronto.

AMMIRAGLIATO: Di questa ancora non vorrei nemmeno parlare, dico soltanto che ha una tenuta pari al 30-40% rispetto ad una buona ancora moderna dello stesso peso. Il motivo è semplice, fa presa con una sola marra, l'altra rimane fuori dal terreno e se il vento gira può succedere che la catena si prenda attorno alla marra che non lavora spedando l'ancora, e questo succederà proprio, quando il vento diventerà forte. Si dice in questo caso che l'ancora è stata "ammarrata", (cioè presa per una marra).

Attenzione anche alle barche con basso pescaggio, se usano un ammiragliato, in fondali bassi rischiano di subire danni alla carena dalla marra che fuoriesce dal fondo.

Fig. 11.6 Ammiragliato

Proprio per evitare questi problemi nei tempi passati nei porti si usavano ancore ammiragliato ma con una marra sola. Sulle rive del porto di Veruda in Dalmazia se ne possono ammirare di tutte le dimensioni.
L'ammiragliato come anche il grappino a marre snodate devono essere preparate prima di dare fondo, si deve sistemare il ceppo e bloccarlo e a questo punto diventa un'ancora decisamente ingombrante.

Attenzione però, diffidate delle ancore non originali. Le imitazioni delle BRUCE sono in ghisa al posto dell'acciaio forgiato e si spaccano facilmente. Bastano pochi gradi di differenza sull'inclinazione dello snodo e le copie della CQR non tengono.

L'unione tra ancora e catena o cima.

Per questo punto delicato conviene sicuramente affidarsi agli snodi moderni, ma di marca. Passano perfettamente sui musoni basculanti, permettendo di azionare la salita e la discesa dell' ancora dal pozzetto. Lo snodo assiale ha la funzione di permettere alla catena di liberarsi dagli attorcigliamenti ad elica, che ne impedirebbero lo scorrimento. Ma questi attorcigliamenti possono esserci anche nella parte di catena che sta nel gavone. Per eliminarli basta dar fuori tutta la catena, tutti gli attorcigliamenti si spostano verso la coda, si sgancia la catena dalla barca e a mano si srotolano tutti i giri. A questo punto la catena è e rimane a posto.

Esiste inoltre un accessorio che si usa al posto dello snodo e provoca il ribaltamento dell'ancora, se questa si presenta rovesciata sul basculante, in modo da farla entrare correttamente nel musone. Sono accessori costosi ma molto sicuri , funzionali e durevoli. Possono essere

Fig. 11.7

accoppiati con ancore Bruce Bull e Delta, per catene dal 6-8 e 10-12. Figura 11.7
Senza quest'accessorio capita spesso che l'ancora venga su rovescia e dannegg la prua o si'incastri nel musone. A questo punto spesso si è costretti a pericolosi virtuosismi sporti dal pulpito di prua. Per risolvere questi problemi teniamo nel gavone una mazzetta da muratore per disincastrare e un perno per far ruotare la catena di 90° e far rovesciare l'ancora.

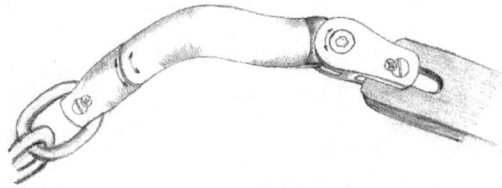

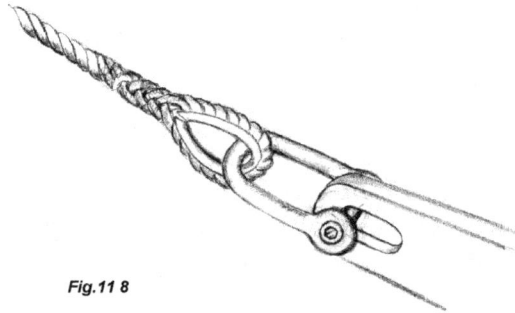

Fig.11 8

Per la cima della seconda ancora conviene avere una redancia impiombata sulla cima e collegarsi all'ancora con un grillo senza testa detto anche perno a filo. Non usare mai moschettoni hanno un carico di rottura cinque volte più basso. Figura 11.8
Anche alla fine della catena va messo un grillo e uno spezzone robusto di cima che va fissato allo scafo. Il grillo serve per le operazioni normali, mentre la cima si può tagliare facilmente, anche se in tiro, per "filare per occhio" in caso di emergenza.

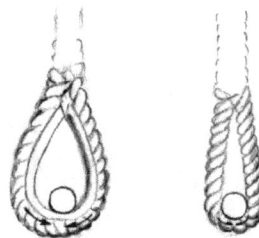

Fig. 11.9

Tenete presente Fig. 11.9 che un nodo o una curva secca, riduce il carico di rottura della cima fino al 40%, In quanto nella zona della curva secca solo le fibre esterne sopportano tutto il carico, quelle interne non vanno nemmeno in tiro. Ecco perché si usa la radancia impiombata.

Prima di fare la piomba controllate se la radancia con la cima passa con facilità attraverso il musone. Se ci sono dei problemi, modificate leggermente la radancia. Usate solo ferramenta in inox, quelle in ferro zincato durano pochi mesi.

La funzione della catena.

Un'imbarcazione, ormeggiata con una catena del diametro giusto, ammortizza molto bene i colpi di vento e soprattutto di mare. La catena assume una curvatura detta "catenaria", che in vicinanza dell'ancora,

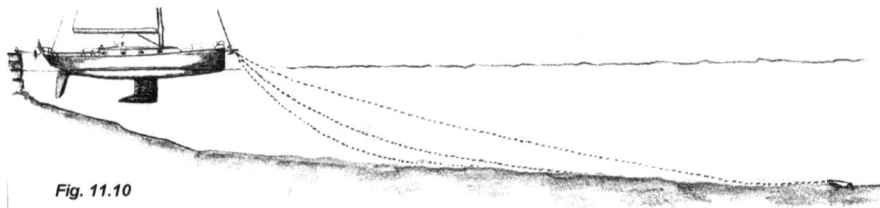

Fig. 11.10

porta il tiro a essere tangente al fondo. Sulla cicala dell'ancora, si trasmettono solo forze longitudinali, non vi sono componenti verticali. Il fuso rimarrà orizzontale, facendo lavorare l'ancora per com'è stata progettata.

Sotto raffica o con onda, la barca retrocede o la prua si sposta di lato, e solleva dal fondo, metri e metri di catena, un peso che assorbe l'energia cinetica trasmessa dalla barca; ma se il calumo è corretto, gli ultimi metri di catena vicino all'ancora rimarranno tangenti al fondo.

Fin tanto che c'è catena da sollevare lo sforzo trasmesso all'ancora, è ridotto. Il calumo, in altre parole la lunghezza di catena data fuori, in nessun caso, deve essere inferiore a tre volte il fondale, e con vento o mare si dà fuori, cinque volte il fondale come minimo.

In caso di previsione di venti superiori ai diciotto nodi conviene mettere giù una seconda ancora.

Per bassi fondali, bisogna aumentare ancora, ad esempio un motoscafo in

Fig. 11.11

due metri d'acqua non può dar fuori solo (2.0 x 5 = 10) dieci metri di catena, deve darne venti.

Precisiamo che, per "fondale" s'intende la profondità, dove si getta l'ancora,non dove si ormeggia.

Se ci vengono dei dubbi, teniamo sempre a mente, che chi assorbe e quindi dissipa l'energia, è il peso della catena sollevata dal fondo. Di conseguenza catene più grosse e più lunghe assorbono di più.

Diamo una tabella del calibro consigliato, del peso per metro e totale della catenaria. Per calibro di una catena, s'intende il diametro in millimetri del tondino usato per fabbricarla.La catena da usare su un salpancora elettrico o manuale, deve essere del tipo "calibrata".

In altre parole, deve avere misure standardizzate con tolleranze definite. Nella tabella sono indicate le dimensioni consigliate per dormire tranquilli durante i temporali, quando molti girano con cerata, stivali e pila in bocca.

LUNGH. Imbarcazio- ne metri:	CALIBRO CATENA mm	LUNGHEZZA TOTALE Catena + cima	PESO ANCORA
7	6	30 + 20	5
8	7	50 + 20	7.5
9	8	50 + 20	10
10	10	50 + 20	15
12	10	60 + 30	20
14	12	60 + 30	25
16	14	90 + 30	30

Come si può vedere in tabella aumentando la lunghezza dell'imbarcazione, aumenta anche la lunghezza totale della catena, perché le imbarcazioni più grandi pescando di più, danno fondo in fondali maggiori e quindi hanno bisogno di più catena e cima

Se per mantenere l'assetto o per altri motivi vogliamo ridurre i pesi a prua, possiamo diminuire parzialmente la lunghezza della catena aggiungendo però molta cima, ma non possiamo ridurre il diametro della catena rischieremmo di spezzarla. Ricordate sempre che le catene non si rompono mai con il bel tempo!

La cima dell'ancora.

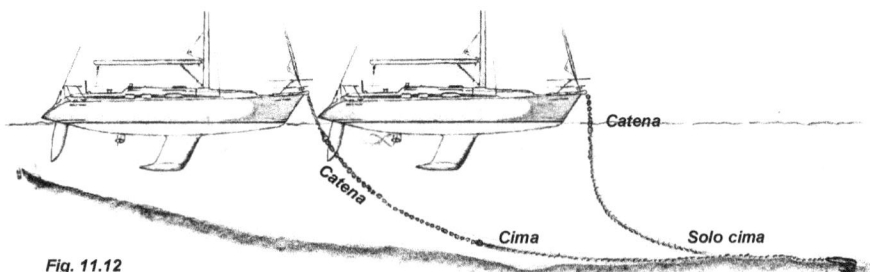

Fig. 11.12

Su alcune barche, per motivi di peso o perché non c'è un salpancora elettrico, si può usare una cima, anche per l'ancora principale. In tal caso, a quindici metri dall'ancora, inserite almeno dieci metri di catena. In modo da avere un peso, dove la cima tende a sollevarsi dal fondo.

Salpando tireremo su, solo cima e dopo soltanto catena, ma non ancora e catena assieme. L'ancora sarà spedata, con la catena già a bordo. Quest'artifizio è valido per fondali fino a quindici metri. Se frequentate porti o ridossi con fondali maggiori, allungate la cima fra ancora e catena.

Figura 11.12

Fig. 11.13

La catena usata sarà anche in questo caso del tipo "calibrata" perché più pesante e resistente che quella "genovese" a maglia più allungata. Si raccomanda di fare le unioni tra cima e catena, con un grillo senza testa con apertura a cacciavite. I gambetti classici s'impigliano. Non usate mai i moschettoni sono deboli. Fig.11.13

La cima sarà di poliestere a tre legnoli, in nessun caso sarà galleggiante e nemmeno del tipo intrecciato o con calza. Non useremo mai una cima tipo scotta o drizza. Sono belle, colorate, lucide, tanto amate da quelli che vanno in barca con gli scarponi! Faremo una pessima figura, se useremo vecchie scotte o drizze. Quelle logore si buttano. Non servono a nulla

Perché non hanno elasticità. Fanno solo: confusione, peso e muffa. Gli armatori più "tirati" si ricordino sempre, che un'imbarcazione costa circa, mille volte il prezzo di un set completo di cime d'ormeggio; quindi economizzare sul cordame, mi sembra antieconomico.

Misure consigliate per la cima + catena

Lunghez-za barca	Calibro	Lunghezza Catena + cima	Peso Ancora
7 m	6 mm	30 + 20 m	5 kg
8	7	50 + 20	7.5
9	8	50 + 20	10
10	10	50 + 20	15
12	10	50 + 30	20
14	12	75 + 30	25
16	14	75 + 50	30

Per la seconda ancora, che sarà dello stesso peso di quella principale, si usera sempre una cima a tre trefoli 100% poliestere a doppia torcitura. Avrà lo stesso diametro della cima dell'ancora principale, ma sarà di colore diverso, per distinguerla. Per motivi di praticità, consiglio di usare solo cima senza catena per l'ancora di rispetto; abbondate invece sulla lunghezza. Tenete conto, che la seconda ancora, molto spesso è portata fuori con un gommone, o a nuoto come vedremo più avanti. Il maneggiare catene su un gommone o in acqua è sempre scomodo e pericoloso.
Al posto della catena useremo uno o più salmoni (schiavetti). Và tenuto anche presente, che quando si decide di mettere una seconda ancora, in genere il tempo non è dei migliori e si deve operare velocemente, la presenza di una catena rallenta e di molto le operazioni.
In commercio ci sono cime per ancoraggio zavorrate con piombo.
Sono flessibili e hanno prezzi accessibili, però per l'ancora di rispetto non le ritengo pratiche, proprio a causa del peso.

Uso del salmone o schiavetto.

Si tratta essenzialmente, di un peso, che messo a cavallo della cima o della catena, aiuta molto la linea d'ormeggio a sopportare sollecitazioni anche violente. .
Questo peso è vincolato alla cima mediante una pastecca apribile o un moschettone.
Il salmone è in genere fatto di piombo, ma si può mettere di tutto, basta che pesi. Una sagola di una decina di metri, trattiene il peso, impedendogli di scorrere sul fondo, dove non avrebbe effetto. Questa sagola, permette inoltre di salpare prima lo schiavetto e poi l'ancora in modo da ripartire gli sforzi. Uno schiavetto dovrebbe pesare circa un terzo del peso dell'ancora. L'ideale è averne tre identici, perché si possono aggiungere facilmente. Trattandosi di pesi maneggevoli non conviene tenerli a prua, meglio riporli in basso nelle zone centrali dello scafo.
Purtroppo non ne esistono in commercio e ognuno si arrangia come può, chiedete ai robivecchi.   Fig.11,14

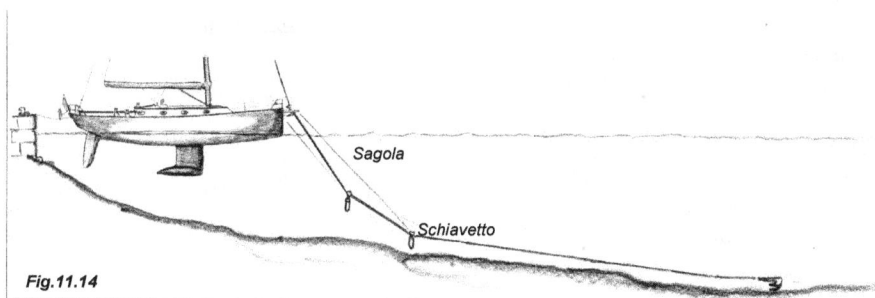

Sagola

Schiavetto

Fig.11.14

Quest'attrezzo si usa con successo, quando:
1.   Per qualche ragione, non si può ormeggiare con il corretto calumo.
2.   Il forte vento o il moto ondoso, rischiano di mettere in crisi il nostro ormeggio.
3.   Ci si è ormeggiati con poco calumo sottovalutando le condizioni del tempo.
4.   Per l'ancora principale, si dispone solo di cima.
5.   Si deve tenere bassa una cima, per non intralciare il passaggio.
6.   Si usa una seconda ancora che ha solo cima.
7.   Serve per ancorare un gavitello come segnale.
Lo schiavetto, si può usare, anche su una o più cime a poppa, quando c'è maretta in porto. In questo caso il sistema più semplice ed efficace, è un secchio con un salmone dentro, appeso alle cime in modo tale da affondare e poi affiorare a ogni onda. Attenzione! Il secchio deve avere un manico robusto e la sagola deve tenere legate tutte due le tratte del doppino. (dormiente e corrente), se attacchiamo il secchio a una sola

tratta, ci saranno degli
scorrimenti, a ogni movimento
che in poco tempo
consumeranno la cima per
attrito. Preoccupiamoci anche
d'eventuali sfregamenti della
cima sul molo. Questo sistema
è molto efficace, perché sfrutta
il peso e l'effetto ammortizzante
dovuto allo spostamento
dell'acqua.

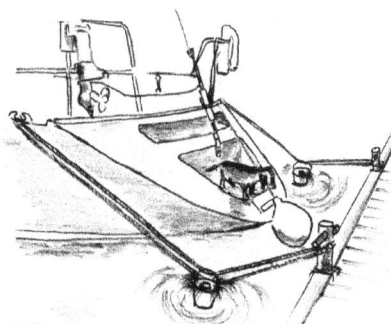

Fig. 11.15

Grippia e grippiale.

La grippia è una cima attaccata al diamante dell'ancora per poterla
spedare e sfilare da un impiccio, tirandola da dietro. Il grippiale è un
gavitello, che serve a tenere a galla la grippia e a segnalare la posizione
dell'ancora.
Quest'attrezzatura, va sempre usata, in tutte quelle situazioni, in cui si
rischia di perdere l'ancora: ad
esempio, nei porti con catenarie
o cordami sul fondo, nelle baie,
con fondale superiore alle nostre
possibilità d'apnea e in ogni caso
quando è sconsigliato o proibito
immergersi. Il funzionamento è
semplice e sicuro, in quanto,
tirando la cima, si solleva e sfila
l'ancora da dietro, liberandola da
qualunque impaccio. Nel caso
l'ancora sia sotto una catena
pesante si fila tutta la catena per
occhio e poi si recupera il tutto tirando la grippia.

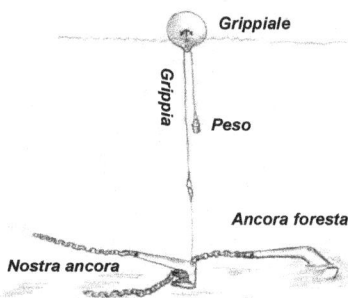

Fig. 11.16

Vi è un solo problema legato all'uso del galleggiante, se qualcuno sbaglia
la manovra o non vede il
galleggiante, rischia di
prendere la grippia nell'elica.
In tal caso, ci si trova con
l'ancora spedata, e con un
motoscafo che non governa
e che vuole insistentemente
venire a farci visita.
 Questa situazione è più
frequente di quanto possiate

Fig. 11.17

immaginare! Ci sono anche quelli, che lo prendono per un corpo morto e

Fig. 11.18

vanno a tirare su la grippia.. Si userà quindi un galleggiante colorato con i simboli dell'ancora rovesciata e la scritta "privato" in varie lingue.

Si può anche usare una grippia, lunga quanto l'ancoraggio, ma non è pratica; quando si salpa, va tirata a bordo velocemente altrimenti potrebbe finire nell'elica. In fase d'ancoraggio va data fuori assieme alla catena. Si può attuare solo se si ha un marinaio in più a prua per gestirla; inoltre non funziona se un'altra barca mette una catena pesante sopra la nostra. Fig. 11.18

Per evitare tutti questi problemi, con l'ecoscandaglio si definisce la profondità nel punto d'ancoraggio, e si aggancia con un moschettone al diamante dell'ancora, una fettuccia (20x2) con marcati, i metri , si lega al galleggiante a una lunghezza di due metri inferiore al fondale.

Si può usare un piccolo parabordo con un anello largo e robusto. Dando fondo all'ancora, rimarrà sommerso a due metri dal pelo dell'acqua, fuori

Grippiale sommerso

Fettuccia metrica

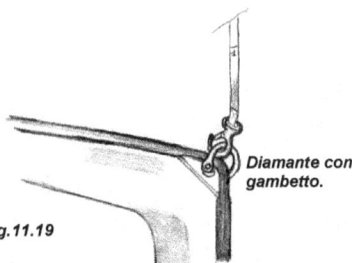

Diamante con gambetto.

Fig.11.19

della portata delle eliche, ma a una profondità tale da poter essere facilmente individuato e recuperato. Figura 11.19

Il parabordo deve essere piccolo per non indebolire, con la sua spinta di galleggiamento, il peso dell'ancora.

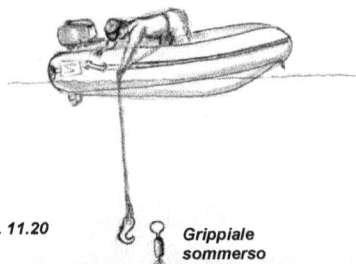

Fig. 11.20 Grippiale sommerso

83

Potremo recuperare la grippia con un gancio o un mezzo marinaio, dal gommone o da poppa. Figura 11.20

Manovrando per salpare, può succedere che la grippia vada nell'elica. Purtroppo, di solito, dopo aver spedato, si deve dare motore per allontanarci dagli ostacoli. Con l'ancora viene su, la grippia che con il movimento, tende ad allinearsi allo scafo.

L' uomo a prua, cercherà di agganciare il grippiale, prima che il timoniere debba manovrare. Non è semplice, perché il grippiale sarà nascosto dalla pancia dello scafo. Figura 11.21

Lo skipper uscendo dall'ormeggio può compiere un 'evoluzione a forma di punto di domanda, in modo da poter dare marcia indietro, dopo aver

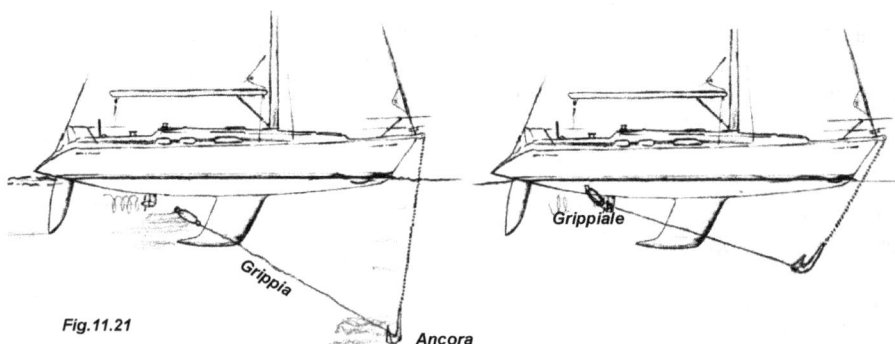

Fig.11.21
Grippia
Grippiale
Ancora

spedato l'ancora.e recuperato la grippia. Così facendo la grippia e il gavitello saranno sempre oltre la prua e non potranno andare nell'elica,

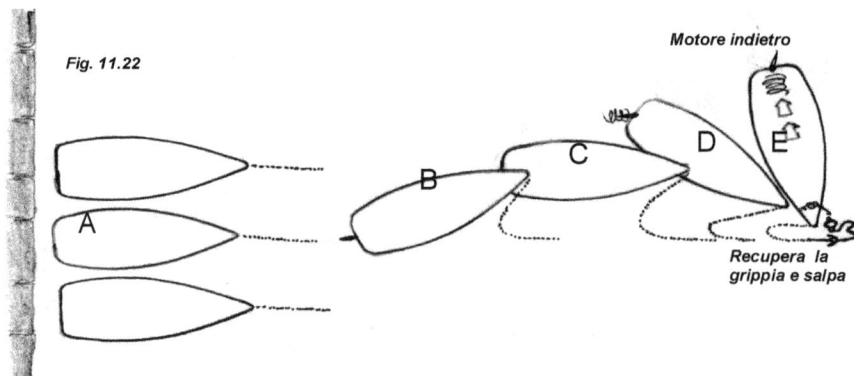

Fig. 11.22
Motore indietro
A
B
C
D
E
Recupera la grippia e salpa

non sempre però ci sono gli spazi necessari. Figura 11.22

Come liberare un'ancora da cavi e catene.
Come abbiamo visto la grippia garantisce il recupero dell'ancora, ma

presenta alcuni difetti e in realtà è poco usata. Pertanto, se in porti affollati vi capita di agganciare, catene e catenarie, sicuramente pesanti e sotto tensione, non sarà facile liberarsene. Esiste un attrezzo specifico che consiglio a tutti perché è veramente funzionale.

Per prima cosa cerchiamo di tirare più su possibile, tutto l'impiccio con il salpancora. Si cala il gancio speciale, fino alla catena "foresta"; poi si armeggia in modo da farlo agganciare. Si tiene in tiro e si fissa a una galloccia. Il peso della catenaria a questo punto è sopportato dal gancio, si dà giù catena, fino a quando, la nostra ancora si libera, la recuperiamo con facilità. Infatti basta a questo punto fissare in galloccia la cima detta "comando"e allascare l'altra.

Il gancio si rovescia e ci rende liberi dalla catena.

Il tiro e il peso di una catenaria non vanno mai sottovalutati, la nostra catena può spezzarsi senza preavviso, non mettete mai nessuno sotto la prua né in acqua né in un gommone. Le due cime del gancio devono essere robuste e di colori diversi.

Il costo di quest'attrezzo, è modesto, usato una sola volta è già pagato.

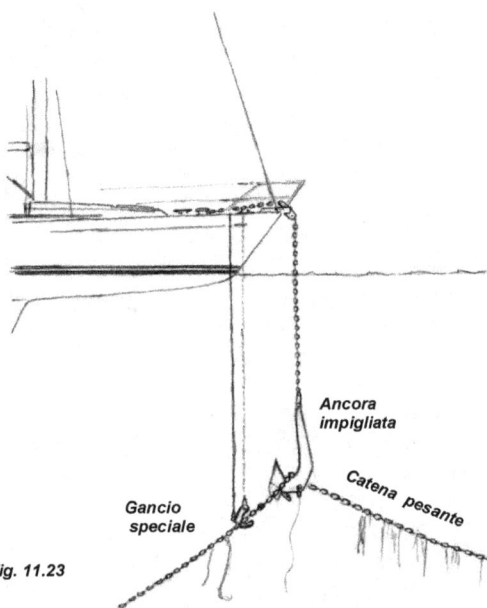

Ancora impigliata

Catena pesante

Gancio speciale

Fig. 11.23

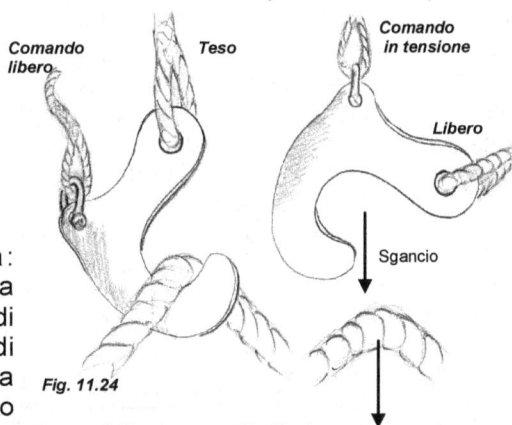

Comando libero

Teso

Comando in tensione

Libero

Sgancio

Fig. 11.24

Filare per occhio

Così è denominata: l'operazione di dar fuori tutta la cima o la catena di un'ancora dall'occhio di cubia, per abbandonarla momentaneamente sul posto o per spostarla in un'altra posizione della barca. Sulle barche moderne, in genere, solo l'ancora principale passa in un occhio (oggi abbiamo un basculante chiuso nella parte superiore), mentre a sinistra, dove si mette la cima della seconda ancora, il musone per comodità è aperto.

Per vari motivi talvolta è necessario mollare un ormeggio velocemente, lasciando un segnale o una grippia sommersa, legata al molo da una parte e attaccata alla catena dall'altra. Capita di fare quest'operazione per comodità per esempio,

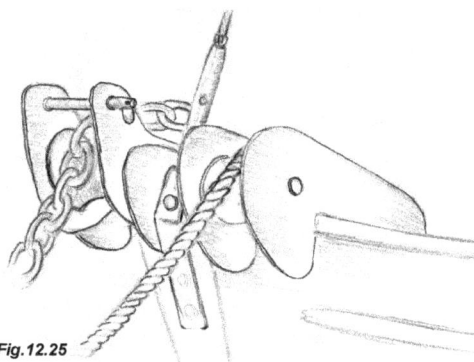

Fig.12.25

quando si è all'ancora attraccati su un molo dove arriva una nave di linea o un peschereccio una volta il giorno.

Quando questa arriva, si esce per il tempo necessario alle operazioni di sbarco e imbarco, poi quando il molo è nuovamente libero, si ormeggia, recuperando la grippia e quindi la catena dell'ancora. Così facendo non tocchiamo né l'ancora né la catena e inoltre abbiamo un segnale che ci tiene il posto occupato.

In altri casi, dobbiamo spostare da prua a poppa un'ancora; ad esempio se vogliamo ormeggiarci con prua a terra e ancora a poppa. Nelle imbarcazioni oltre i nove metri, le ancore cominciano a pesare 15 kg e più. Molti marinai spostano ancore, cime e catene da prua a poppa, trasportandole lungo la coperta. Le ancore sono pesanti e ingombranti e s'impigliano da tutte le parti: sartie, draglie, candelieri. Se s'inciampa e si cade con un'ancora in mano, si rischia di finire in ospedale e i danni alla coperta saranno sicuramente ingenti. Non parliamo poi, dei danni che si possono arrecare alla poppa, al pulpito o alla falchetta, nel buttare fuori bordo un'ancora. Nel caso poi ci sia anche la catena, i danni saranno garantiti. L'operazione corretta e sicura è molto semplice, e può essere eseguita da una singola persona.

Ci si ferma in una zona libera del porto, sì da fuori la seconda ancora, dal musone di prua, fino a toccare il fondo. Si prende la cima ben addugliata, si passa fuori, da sotto il pulpito e con la cima in mano, si va a poppa, passando fuori delle sartie naturalmente. Si ripassa la cima dentro, da sotto il pulpito di poppa e si recupera a mano o con un winch fino ad avere l'ancora sospesa a un metro sotto il pelo dell'acqua, pronta per l'ormeggio. Spostandosi a velocità moderata, non ci sono problemi e non ci si accorge nemmeno della piccola resistenza dovuta all'ancora. Quest'operazione non è faticosa; l'ancora è solo sollevata dal fondo per alcuni metri.

Quando tiriamo la cima lungo il bordo, in realtà spostiamo la barca e bisogna tenerne conto se abbiamo degli ostacoli vicini. La barca si sposterà nel senso opposto alla nostra camminata.

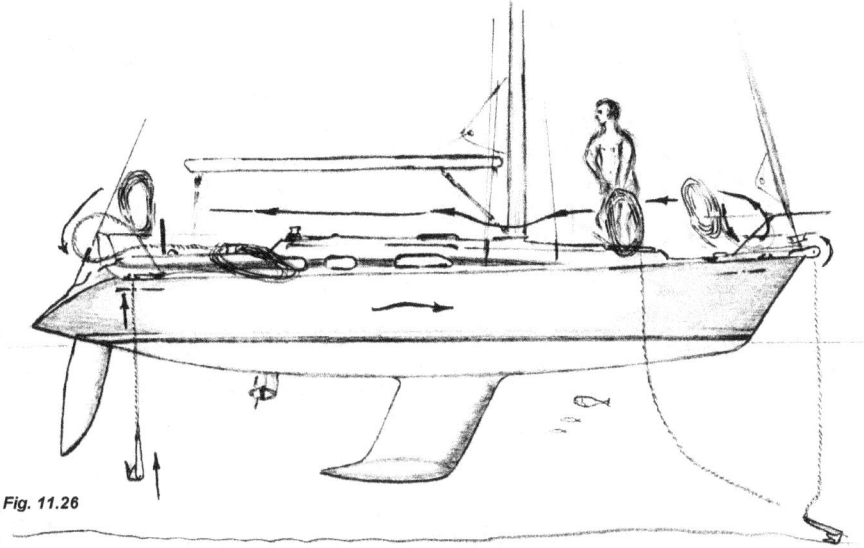

Fig. 11.26

Molte volte,quando la linea d'ormeggio è sormontata da una catena pesante,si può portare la nostra prua fino ad accostarci alla prua dell' altra barca, sì "fila per occhio" tutta la catena, trattenendo però l'ultimo anello, e

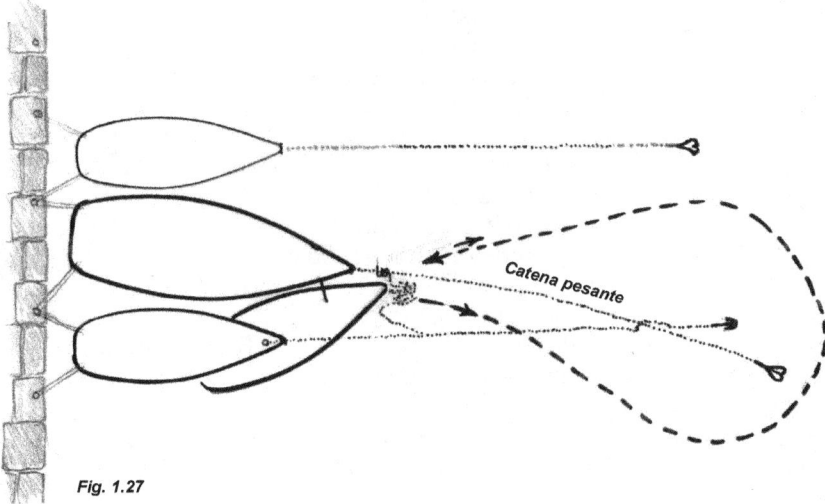

Catena pesante

Fig. 1.27

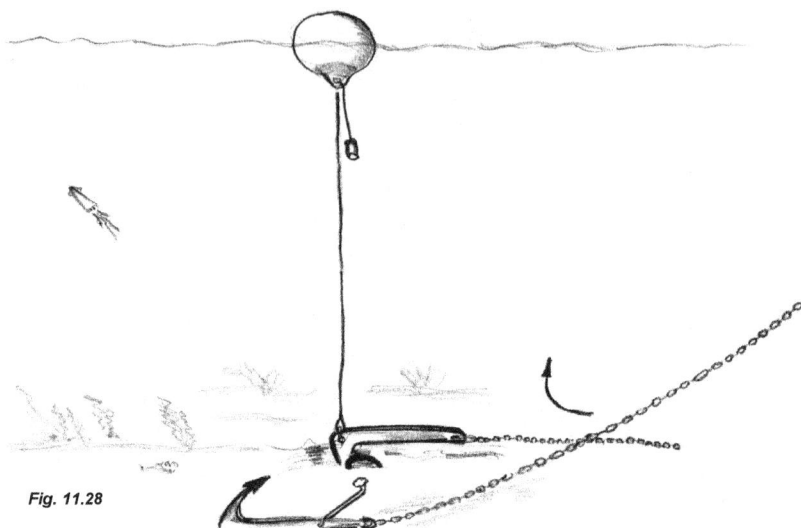

Fig. 11.28

si passa, la coda della nostra linea d'ormeggio sotto la catena che ci blocca. A questo punto si riporta in barca la coda della catena e si risistema sul Barbotin. Poi s'inizia a recuperare catena e lentamente si fa il giro fino ad arrivare sulla verticale dell'ancora e si salpa. Prima di iniziare questo tipo di manovra, valutate bene gli spazi e il vento, poiché la barca, sarà notevolmente vincolata dall'attrito tra le due catene sul fondo. Fig. 11.27

Nel caso in cui l'ancora è provvista di grippia, l'operazione è più semplice, si fila per occhio la catena e si abbandona. Poi si va a recuperare la grippia e l'ancora e si sfila la catena. Quest'operazione può essere faticosa perché si deve recuperare ancora e catena a mano e c'è l'attrito con il fondo e con l'altra catena. Evitiamo questa fatica, con la grippia solleviamo l'ancora di un metro e diamo motore e manovriamo in modo da sfilare tutta la catena a marcia indietro. A questo punto sarà meno faticoso recuperarla. Attenzione però che questa manovra richiede grandi spazi (50 m solo di catena) e che l'attrito della catena sul fondo può renderci difficoltosa la manovra. La grippia deve essere robusta
Per rendere più agevole il filare per occhio si consiglia di mettere per sempre, una maglia veloce in inox sull'ultimo anello della catena e di tenere appeso nel gavone dell'ancora la chiave relativa. Ricordiamo che in generale queste manovre vanno fatte in momenti critici, quindi curate che sia tutto chiaro all'equipaggio e che la ferramenta sia stata collaudata e ingrassata. Moschettoni e gambetti, ossidati o di misura non adatta creano grossi problemi perché rallentano o impediscono totalmente la manovra.

Almeno una volta a inizio stagione ingrassate, aprite e chiudete tutte le attrezzature e sostituite quelle difettose. Usate solo accessori d'acciaio inossidabile e di qualità, non è il caso di fare economie sulle attrezzature che possono salvare la barca e la vostra vita.

CAPITOLO DODICESIMO

ANCORAGGIO

ANCORAGGIO ALLA RUOTA

Prima di entrare in una baia, consulteremo con un certo anticipo un moderno portolano per barche da diporto e il GPS, per conoscere i fondali e le zone protette dai venti dominanti. Dopo essere entrati osserveremo come sono ancorate le altre imbarcazioni e individueremo gli spazi liberi. Tra questi sceglieremo quello che ci darà maggiori garanzie; sia per il riparo dai venti, che dalle onde che potrebbero entrare dall'imboccatura. Non accontentiamoci dei nostri ragionamenti, meglio seguire i consigli del portolano. Ricordate sempre che i posti migliori sono vicino alle barche dei pescatori locali, che da generazioni conoscono il porto.
Dopo aver individuato una zona libera, verifichiamo sul GPS la distanza da eventuali ostacoli fissi e controlliamo il fondale tutto attorno; quindi caleremo l'ancora ad una decina di metri dalla poppa della barca più vicina. Non ci preoccuperemo delle altre imbarcazioni alla ruota perché, se ci sarà vento ruoteremo tutti fino a disporci nella sua stessa direzione. Teniamo presente che potremo ruotare su tutti i 360°, quindi un cerchio completo con raggio pari al calumo, in pratica almeno cinque volte il fondale, più la lunghezza della barca. Facciamo un esempio: se il fondale è di 4 m, ruotando con il vento avremo bisogno di uno spazio tondo con un diametro di 4x5=20+12=32x2=64 m (12 è la l.f.t. della nostra barca). Un fondale di 10 m richiede uno spazio notevole,10X5=50+12=62X2=124 m.

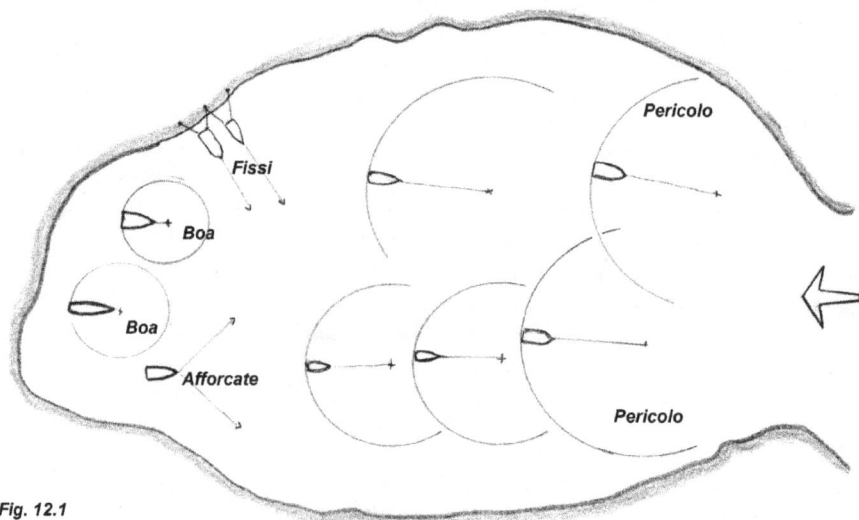

Fig. 12.1

Il GPS ci può aiutare molto, in quanto se ci poniamo nel punto prescelto, possiamo immaginare sul monitor un cerchio e controllare la profondità e le distanze da pericoli od ostacoli fissi.

Nella zona di rotazione ci potranno essere altre barche, purché siano alla ruota anche loro.

In caso di necessità ci si può ancorare anche di fianco ad un'altra imbarcazione ma teniamoci ad almeno tre lunghezze dal suo fianco. Se sulla barca c'è gente a bordo, ci avvicineremo lentamente e con gentilezza chiederemo quanta catena hanno fuori bordo. Noi metteremo la stessa lunghezza o di più, mai di meno in modo da stare sempre dietro.

In ogni caso è buona regola, ancorare in vicinanza di imbarcazioni, di tipologia e misura, simili alla nostra. Una barca più grande o più pesante reagirà al vento, molto più lentamente della nostra aumentando il rischio di collisione.

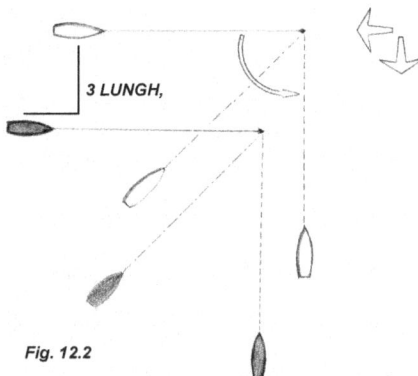

3 LUNGH,

Fig. 12.2

Non ci metteremo mai alla ruota dove il fondale è inclinato, se il vento ci fa ruotare verso la zona più profonda, il calumo sarà insufficiente, venti anche deboli faranno spedare l'ancora, in quanto l'angolo tra catena e fondo, si somma all'angolo di scarpata e il fuso si solleva fino a spedare l'ancora. Non c'è nessuna possibilità, che faccia presa nuovamente da sola. Pertanto osservate le batimetriche, sulla carta o sul GPS per capire l'andamento del fondale. Se dobbiamo dare fondo su fondale inclinato basterà ormeggiare con una cima a terra che potrà essere allascata, in modo da metterci con la prua al vento. Dovrà avere in ogni modo, una lunghezza tale da impedirci di ruotare fin dove il fondale è troppo inclinato.

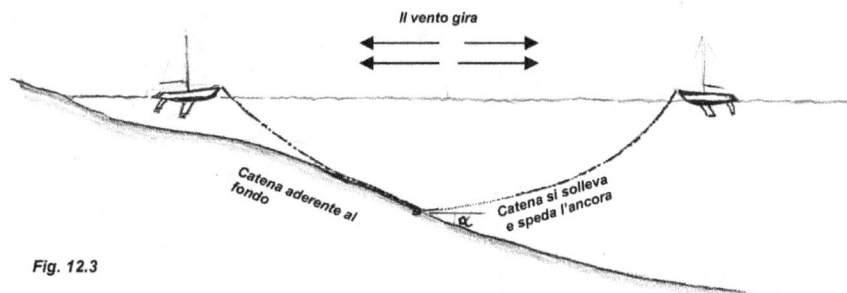

Il vento gira

Catena aderente al fondo

Catena si solleva e speda l'ancora

Fig. 12.3

Finiti i controlli, ancoriamo con prua al vento. Diamo fuori i metri di catena previsti, facendo una lenta retromarcia, fermiamo la barca, stringendo il freno del salpa ancore, dopo alcuni metri, necessari per raddrizzare la catena e metterla in tensione, la barca deve rimanere ferma, nonostante il tiro del motore.

Va precisato che in caso di onde e vento già formati o in solitario, questa manovra è sempre fattibile, anzi è la manovra da farsi, proprio, quando le condizioni sono proibitive. Se si tratta di trovare riparo da un temporale già in corso, se rimaniamo a bordo, non servono grandi spazi, basta che ci sia fondale e che il posto sia riparato dalle onde. La direzione del vento è già definita e non cambierà. Poi passato il peggio potremo trovarci un altro ormeggio.

ANCORAGGIO CON POPPA A TERRA, SU COSTA NATURALE.

Molto spesso, nelle baie, non è possibile ancorarsi alla ruota per mancanza di spazio. Si cerca allora di ormeggiare, con ancora a prua e poppa a terra.

Se non conosciamo già il posto, controlliamo carte, portolano e GPS. Cerchiamo un ormeggio, al riparo dai venti di brutto tempo; scelto il posto, controlliamo i seguenti punti:

1.   Fondale: per sapere a che distanza buttare l'ancora.
2.   Ancore dei vicini d'ormeggio: posizione e direzione.
3.   Barca ed equipaggio dei nostri vicini.
4.   Eventuali scogli o pericoli sul fondo.
5.   Appigli a terra, su cui fissare le nostre cime di poppa: alberi, cespugli, scogli, fessure nella roccia.

A questo punto si decide cosa fare, dove e come attaccarsi.

Se non si conosce già il posto, è sempre meglio fare una puntata di prua molto lentamente, lungo la linea di ormeggio, per verificare che non ci siano scogli o altri pericoli, così si riesce anche a focalizzare meglio i punti dove fissare le cime. Si torna in acque libere a marcia indietro per girarci ed essere pronti alla manovra. Fare il giro d'ispezione entrando di poppa sarebbe più rischioso, un eventuale scoglio sommerso colpirebbe il timone che è molto più delicato di una chiglia.

   Elenco delle attrezzature necessarie:
•   Due o quattro cime da 25 m.
•   Spezzoni di catena. (solo per attaccarsi su scogli semisommersi).
•   Travetti o cunei o chiodi da roccia, martello da muratore, (solo per fessure nella roccia).
•   Costume da bagno, pinne e maschera o gommone armato con remi o motore.

- Scarpe da mare (se servono).
- Scaletta di poppa in acqua.
- Comando salpa ancore (provare funzionamento dal pozzetto).
- Ancora libera e frizione del salpancora bloccata.
- Parabordi su entrambi i lati.

S'inizia la manovra da sopravento e poi si retrocede lentamente. Alla distanza giusta, la persona a prua, darà fondo all'ancora; dopo una ventina di metri inizierà a frenare leggermente e quando la barca sarà ad una decina di metri dal punto finale, si stringerà lentamente il freno, per provare la tenuta. Quando tutto sarà a posto, il marinaio tornerà a poppa. Il motore resta a marcia indietro a 1500 giri per tenere la barca indietro. Se necessario, si recupererà la catena in eccedenza, in modo da mantenersi alla corretta distanza dalla costa. Il pericolo è quello di arretrare troppo e di toccare con il timone.

Lo skipper indosserà pinne e maschera e presa l'attrezzatura eventuale, andrà in acqua tirandosi dietro la cima da 25 m. La persona rimasta sulla

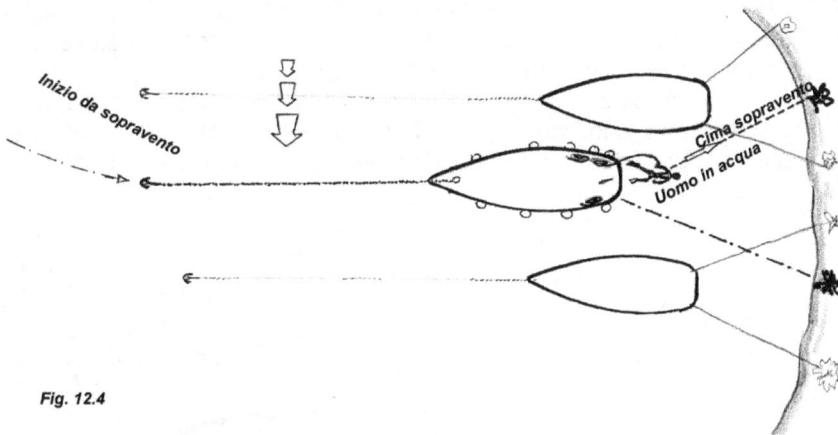

Fig. 12.4

barca, la srotolerà e aggiungerà un'altra eventuale, quindi a voce aiuterà lo skipper in acqua a trovare l'appiglio giusto, per primo sempre quello di sopravento. Poi, fissata la cima a terra e tesata con il winch, la barca si stabilizzerà, quindi si spegnerà il motore e con tutta calma si sistemerà definitivamente l'ormeggio con un'eventuale cima sottovento.
Questa manovra non è facile, perché la barca deve essere tenuta in tiro con il motore, ma il gas deve essere tolto con prontezza se l'ancora dovesse mollare. Inoltre se la poppa scade sottovento, vanno dati dei colpetti di motore avanti e timone alla banda per riequilibrare l'assetto ma

senza strappare la cima dalle mani di chi è in acqua.

Tesare le cime di poppa con vento al traverso può essere difficile e faticoso.

L'uomo in acqua non ha la vita facile; deve trascinare una cima nuotando, trovare un approdo per uscire dall'acqua, e poi l'appiglio giusto o quello provvisorio. Questa parte della manovra è spesso critica, se c'è vento, va fatta il più velocemente possibile, altrimenti finisce la cima, e la barca comincia inesorabilmente a tirare.

Se vi siete attaccati sugli scogli ricordatevi di mettere la catena prima di finire l'ormeggio.

Per prendersi sulle fenditure della roccia vanno benissimo i cunei di legno duro. Se non avete altro, per fissarvi a terra, usate la terza ancora.

Se la temperatura è fredda, la manovra sarà fatta con il gommone, ma sarà più lenta, per il tempo che si perde a remare, sbarcare dal gommone e a legarlo da qualche parte, altrimenti il vento se lo porterà via o lo danneggerà sulle rocce.

In genere, l'ormeggio si fa con poppa a terra come descritto, perché è più comodo fare il bagno scendendo da poppa in acqua bassa, ed è più facile dare fuori l'ancora da prua.

Quando l'andamento del fondale è tale da creare problemi per il nostro timone, allora ci presenteremo di prua. A poppa metteremo la seconda ancora con cima, e rinforzeremo il tutto con due schiavetti.

Vi è un altro metodo adatto anche ai solitari. Si deve avere una cima da 12 mm lunga 80 metri su un tamburo a poppa. Non usate una fettuccia al posto della cima da dodici, perché non potreste aiutarvi con i winch.   Figura 12.5

Al vento ancorati in corto

Cima a terra

94

Dopo aver buttato l'ancora controvento, sì da catena (tre volte il fondale) e si mette leggermente in tiro per provarla. Dopo aver fatto testa, si lascia la barca in bandiera tenendo conto del vento e d'eventuali ostacoli.

A questo punto, si va a terra con la cima da ormeggio da 25+25 m nel gommone e tirandosi dietro il cordino da 12. Si cerca un appiglio ben angolato sopra vento in modo da favorire la manovra. Si ritorna in barca, sì mette in tensione, si allasca catena e recupera cordino più volte; fino ad arrivare alla cima d'ormeggio. La barca si stabilizzerà. Questa manovra richiede troppe cose contemporaneamente. Ci si deve quindi aiutare con degli artifizi. La ruota del timone va parzialmente frenata in modo da mantenere una direzione, pur potendola modificare velocemente. Si deve avere un comando elettrico del salpancora. Prima di iniziare la manovra controllate che la catena sia perfettamente in ordine nel gavone dell'ancora.

Durante questa manovra ci si aiuta con colpi di motore e timone alla banda.

ORMEGGIO CON FIANCO IN BANCHINA E ANCORA AL TRAVERSO.

Capita di ormeggiarsi di fianco, in banchina o su un'altra barca, "all'inglese".

Lo stare in banchina è molto comodo, però se il vento o il mare ci prende al traverso, veniamo a sbattere contro il molo e non è un bel stare.

Con l'alta marea, su un molo basso o su un pontile galleggiante, avremo seri problemi

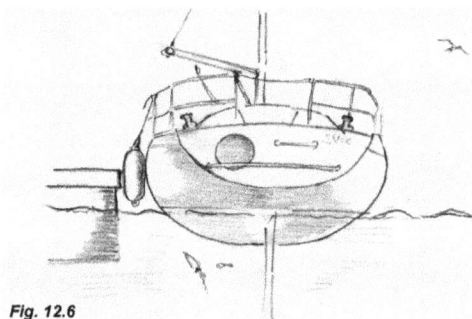

Fig. 12.6

per tenere a posto i nostri parabordi. Onde anche modeste, faranno rollare la barca e i parabordi schizzeranno in alto come wurstel. La situazione diventerà critica.

La soluzione al problema è semplice; con il gommone si porta fuori al vento la seconda ancora, si mette in tensione a mezza barca, su una galloccia o alla base delle sartie. Si appesantisce la cima con uno o due salmoni, in modo che non disturbi la navigazione.

Non tutte le barche, hanno un passacavo e la relativa bitta a metà barca. Se non c'è, ci si prende senza timore alla base delle sartie. In ogni modo, se ci sono dei dubbi o se il vento dovesse diventare impetuoso, ci si può prendere sulle bitte di prua e di poppa con due cime disposte a "V". Prevedendo un peggioramento del tempo conviene usare l'ancora principale con catena, dandola fuori prima di ormeggiare. Regolando le cime si riesce a tenere la barca scostata dal molo.

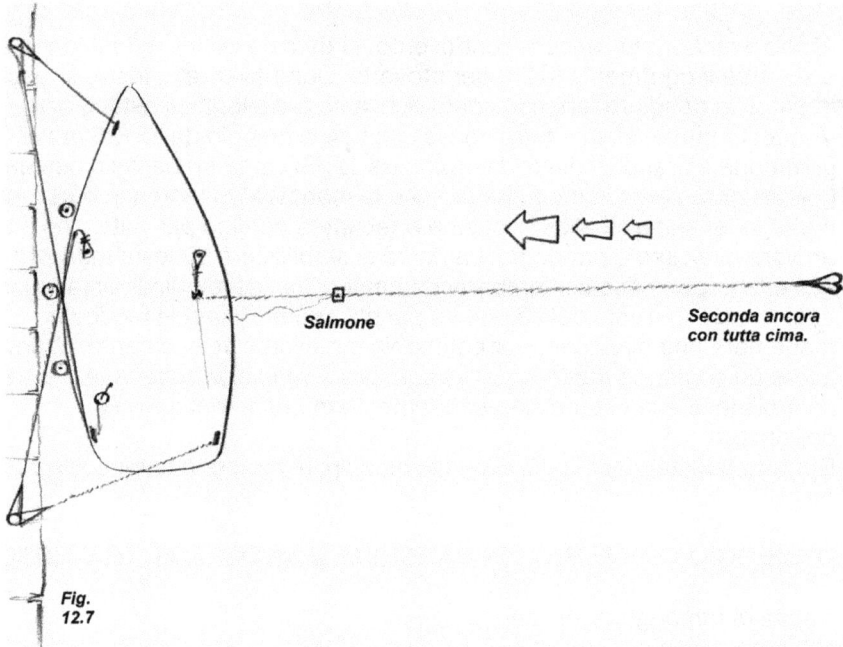

Salmone

Seconda ancora
con tutta cima.

Fig.
12.7

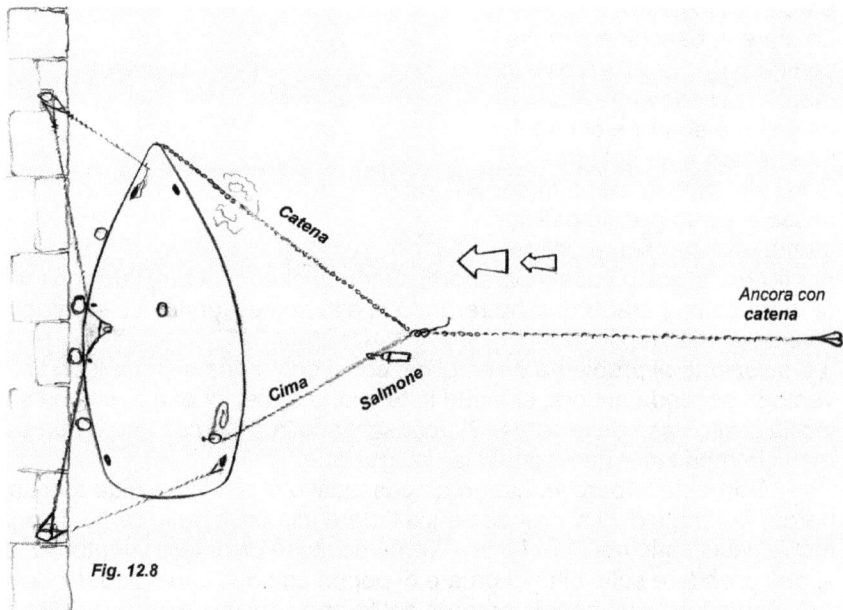

Catena

Ancora con
catena

Cima

Salmone

Fig. 12.8

L'ancora fuori tornerà utile anche per uscire dall'ormeggio, in caso di
vento forte al traverso.

Non provate a portare fuori con il gommone l'ancora principale tirandosi dietro la catena, è un'operazione pericolosa e impossibile in quanto, il peso della catena tira indietro il gommone in modo deciso, rendendolo ingovernabile. Si può fare solo caricando l'ancora e tutta la catena a bordo del gommone poi ci allontaneremo sfilando dietro una sagola da 50metri che servirà a recuperare la catena. Arrivati sul punto si legherà la cima all'ultima maglia e si butterà fuori la catena dalla fine, controllandone la corsa, fino ad arrivare all'ancora e quindi si darà fondo. Ritornati a bordo, recupereremo la sagola e quindi la catena, fino a metterla in tiro. Attenzione a dove mettete i piedi, quando la catena corre libera nel gommone. L'operazione nel complesso è lunga e rischiosa.

ACORAGGIO IN CORRENTE

Ormeggiandoci nella foce di un fiume o lungo un canale; teniamo conto, che la corrente più forte, sarà sempre, quella dal monte verso il mare. La corrente della marea entrante, sarà in ogni caso di minor intensità.
Ci ormeggeremo ai lati del fiume dove la corrente è meno forte e in un tratto rettilineo.
La corrente è influenzata dalla marea e pertanto varia ogni sei ore, fino a invertire il verso.
Dovremo ormeggiare con due ancore la principale verso monte, contro la corrente naturale del fiume e la seconda ancora a poppa, per contrastare la corrente della marea entrante.
Trovato il tratto di fiume adatto all'ancoraggio e fatti i soliti controlli ci si

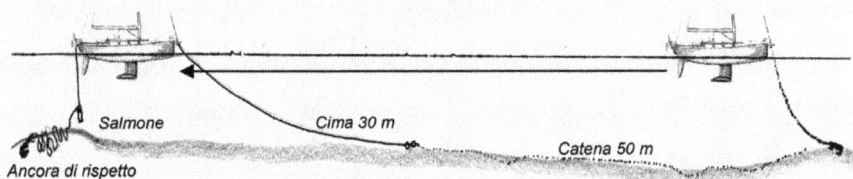

Fig. 12.9.

Salmone   Cima 30 m   Catena 50 m
Ancora di rispetto

presenta con la prua a monte e si da fondo all'ancora principale. A marcia indietro caliamo tutta la catena più ulteriori trenta metri di cima (tot 80 metri.),
poi diamo fuori l'ancora di rispetto, portiamo a poppa la relativa cima ben addugliata e libera da tutto,la buttiamo in acqua e la teniamo bassa con un salmone.. Con il motore al minimo risaliamo recuperando a prua i

97

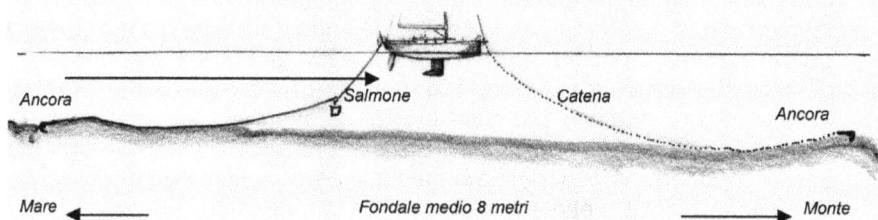

Fig. 12.10

Ancora   Salmone   Catena   Ancora

Mare ←——   Fondale medio 8 metri   ——→ Monte

trenta metri di cima fino alla catena. Sganciamo la cima, mettiamo la catena sul barbotin e <u>agganciamo la coda della catena allo scafo</u>.

A questo punto si mettono in tensione le due linee d'ormeggio. La cima
recuperata, va avvolta correttamente subito. Finita la manovra, una barca
deve essere in perfetto ordine e l'equipaggio deve essere in grado di ri-
petere la manovra immediatamente.
Alla fine saremo ancorati con 40m adatti quindi ad un fondale di 8 metri
massimo. Figura 12.10
 Se ci sono gli spazi adatti si può ormeggiare alla ruota o su boa.
Non sottovalutate mai la forza di un fiume; in fase di marea calante, la
corrente può aumentare notevolmente, in quanto si somma a quella del
fiume. Se sul log leggete una velocità che supera i quattro nodi, conviene
mettere in moto e dare motore contro, per alleggerire il tiro sulla catena. .
La massima velocità della corrente, dura un'ora, poi diminuisce.
Navigando per fiumi e canali, è buona regola avere a bordo le tabelle di
marea e consultarle, sia per sapere quando arriva la corrente ma anche
per sapersi regolare con il fondale.

CAPITOLO TREDICESIMO

La seconda ancora.

Si mette una seconda ancora, quando si prevede un peggioramento del tempo, pertanto, questa, dovrà essere di qualità e peso pari all'ancora principale.

Va tenuto anche presente, che per motivi di praticità e di peso, di solito la seconda ancora è data fuori su cima, senza o con pochi metri di catena. Proprio per ovviare a questa linea d'ormeggio così leggera, daremo sempre fuori, un calumo pari a sei o più volte il fondale. Quindi la cima dell'ancora di rispetto sarà ben più lunga della catena dell'ancora principale. Riguardo al tipo di ancora, do la preferenza ad una BRUCE originale, perché compatta e poco offensiva, adatta quindi ad essere maneggiata e calata con un gommone.

Vi sono due sistemi per rinforzare l'ormeggio:

Con seconda ancora appennellata Figura 13.1 e con ancore afforcate Figura 13.4 e 13.6.

Seconda ancora appennellata:

Per questa manovra si usa un cavo di venti metri, con le estremità munite di redance impiombate e gambetti senza testa. Ci si attacca al gambetto a "omega", che è fissato in modo permanente al diamante dell'ancora principale. Questa cima di congiunzione, deve avere almeno, tre metri più del fondale. I gambetti devono avere lo stesso calibro della catena. Rispettando queste regole, non ci saranno problemi. Salpando, il verricello solleverà la catena fino all' ancora principale. Una volta sistemata la prima e sganciata la cima della seconda ancora, avremo liberi dal peso almeno tre metri, che ci serviranno per fare forza se salpiamo a mano, ma potremo anche avvolgere sul tamburo del verricello elettrico o sul "barbotin". Non ci si deve mai trovare, nella situazione di avere sulla verti-

Catena   Ancora principale   Cima da 20 m   Seconda ancora

Fig. 13.1

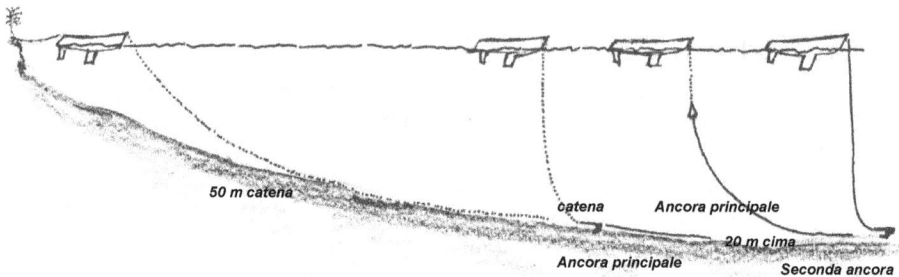

Fig. 13.2 .

50 m catena catena Ancora principale

Ancora principale 20 m cima Seconda ancora

Calumo 50+20=70m

Fondale 10 m

cale la catena più due ancore. Il verricello potrebbe non farcela e a mano sarebbe cosa da palestrati. Fig.13.2

Questo tipo d'ormeggio ha il vantaggio di richiedere molto spazio solo nel senso della lunghezza. Per fare questo ormeggio ci si presenta, a una distanza di sei sette volte il fondale e sì da giù l'ancora di rispetto (già agganciata alla principale, con i 20 metri di cima), s'inizia a retrocedere lentamente e quando la cima inizia a tirare, sì da fuori subito l'ancora principale allentando la frizione e lasciando scorrere. Solo quando è sul fondo, si frena e si prova la tenuta della testa dell'ormeggio. Si continua poi la manovra nel modo classico. Vediamo in dettaglio, i particolari dell'unione tra le due ancore. In genere, sul diamante di tutte le ancore troviamo un foro o un tondino sul quale poterci prendere. Su quelle munite di un foro come BRU-CE, DELTA e CQR va fissato con un grillo a "omega" robusto e in modo permanente, una sagola da un metro e settanta circa, con un nodo d'arresto alla fine. Serve per calare l'ancora a mano sul gommone, per rizzarla in modo che non si muova, per calarla in mare o nel gavone senza rovinare la bar-

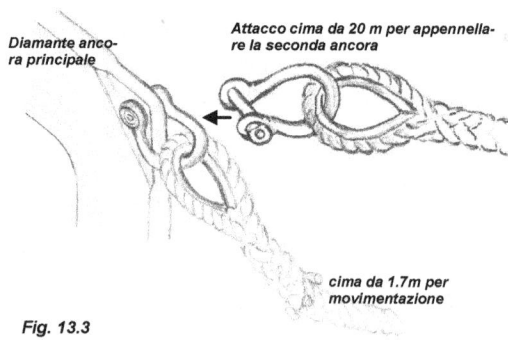

Diamante anco-ra principale

Attacco cima da 20 m per appennella-re la seconda ancora

cima da 1.7m per movimentazione

Fig. 13.3

ca. Sullo stesso gambetto uniremo la cima per appennellarsi alla seconda ancora. Fig. 13.3

Seconda ancora afforcata.

I Vantaggi di questo tipo d'ancoraggio, sono notevoli. La seconda ancora, si può mettere, spostare e togliere quando si vuole e si può posizionare molto angolata, sopravento. Inoltre le due linee d'ormeggio sono indipendenti. Se abbiamo altre barche sopravento,possiamo mettere la nostra seconda ancora anche oltre la loro linea d'ormeggio. Basta poter localizzare le ancore degli altri, visivamente. Se il tempo è veramente brutto e il vento ci prende di fianco, possiamo passare la cima della seconda ancora sotto la catena del vicino e portare l'ancora, molto più angolata sopravento.

Poi sistemeremo un salmone per tenere bassa la cima e non interferire con la linea d'ormeggio del vicino. Fig.13.4

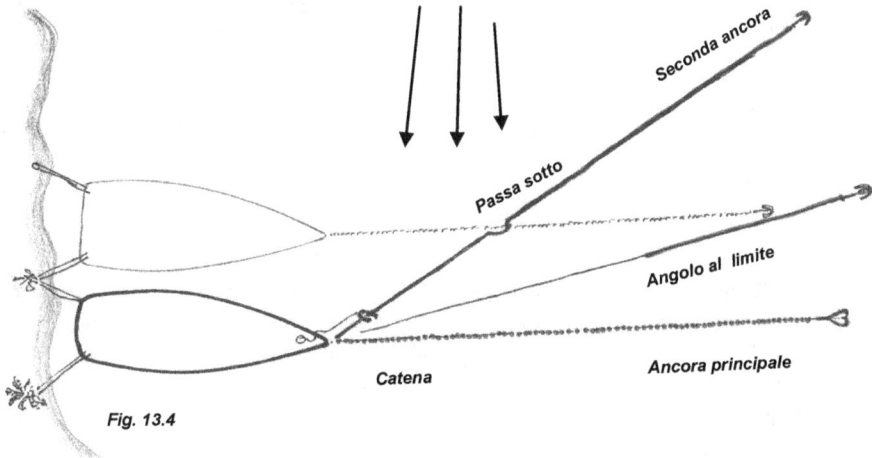

Seconda ancora

Passa sotto

Angolo al limite

Ancora principale

Catena

Fig. 13.4

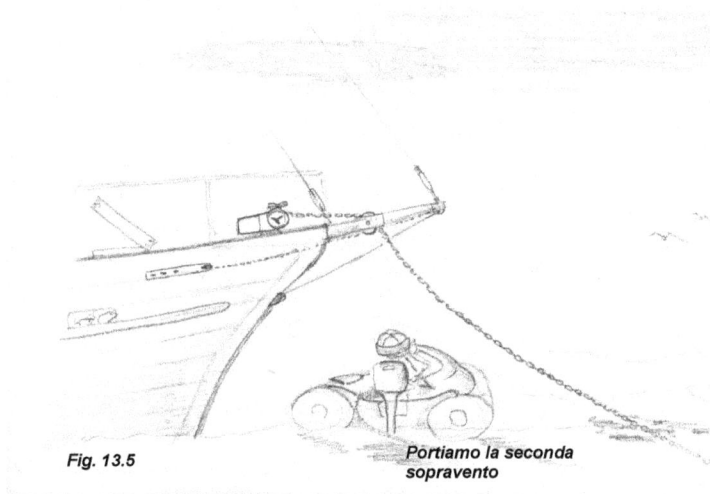

Fig. 13.5

Portiamo la seconda sopravento

101

Se in fase di manovra decideremo subito di usare due ancore afforcate procederemo normalmente, disponendo l'ancora principale fuori asse quanto possibile, verso la direzione della perturbazione in arrivo. Poi con il gommone, porteremo fuori la seconda ancora dal lato sottovento. Mettendo poi in tiro le due ancore la barca si raddrizzerà.
Figura 13.6

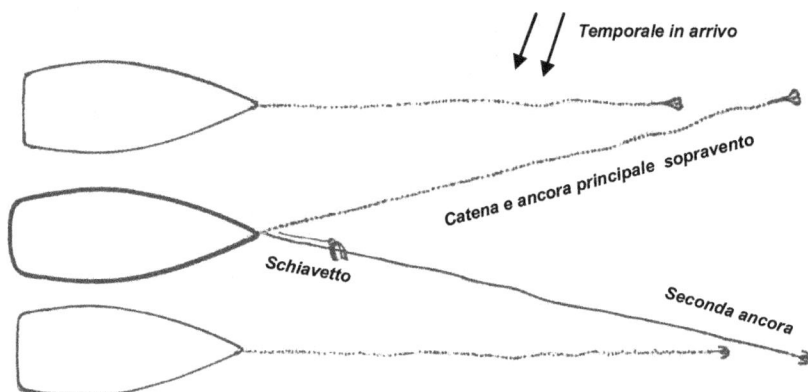

Fig. 13.6

Condizioni meteo permettendo, si possono dare fuori subito le due ancore, iniziando da quella di rispetto. Manovrare con una cima di prua in acqua è certamente più agevole che con una catena.
Per fare questa manovra a "Y", si parte sempre dal centro, sì va lungo un braccio della "Y" sì da fuori la seconda ancora, si torna in retromarcia al centro, in avanti lentamente si fa l'altro braccio e sì da fuori l'ancora principale, poi quando l'imbarcazione è allineata, in marcia indietro, ricordarsi di testare un'ancora per volta, se si frenano tutte due si rischia di perdere l'abbrivio e quindi di farsi traversare dal vento.

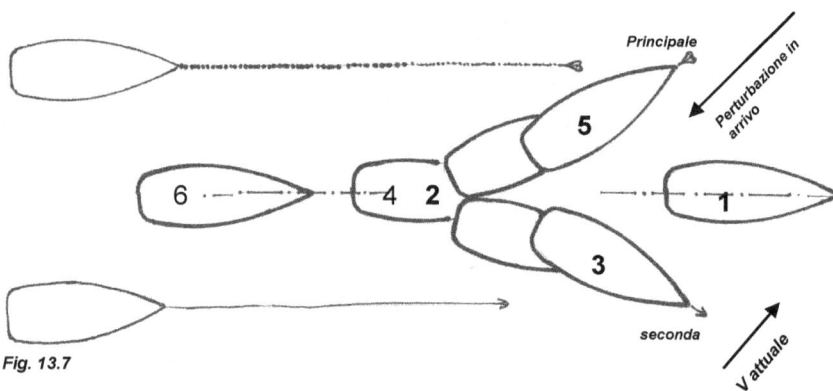

Fig. 13.7

La sequenza di queste operazioni va rispettata. Fig. 13.7
Il timoniere in marcia avanti deve manovrare piano perché ha una cima in acqua di prua e non può contare più di tanto sul marinaio che ha il suo da fare con due ancore da gestire.
Per non avere problemi con la cima in acqua, si può dar fuori subito uno schiavetto che la terrà bassa, lontana quindi da chiglia timone ed elica.

Portare fuori un'ancora con il gommone.

Prima di iniziare un ormeggio di poppa, ci preoccuperemo di portare il gommone a prua e di legarlo bene in corto sul pulpito, in modo che durante la manovra non disturbi. Così, dopo esserci ormeggiati sarà libero e utilizzabile.
Se in un secondo tempo vorremo rinforzare l'ormeggio, useremo il gommone. Scendere nel gommone da prua su imbarcazioni alte di bordo può essere pericoloso, meglio disporre di una scaletta di prua. Il marinaio, aiutandosi con la sagola attaccata al diamante, calerà l'ancora di rispetto nel gommone. Lo skipper si sistemerà l'ancora a pagliolo e procederà lentamente,in modo da permettere al marinaio di filare la cima. Per impedire alla cima di andare nell'elica del fuoribordo, si lega alla maniglia laterale del gommone.
La persona rimasta a bordo, essendo in piedi sulla prua, ha una visione migliore e quindi indicherà la direzione da prendere. Arrivati sul posto sì da fondo all'ancora, facendo molta attenzione a non rimanere impigliati nella cima, sarebbe molto pericoloso. L'ancora e la cima restante va data fuori rimanendo seduti o in ginocchio, altrimenti si rischia di cadere in mare con un'ancora in mano!   Fig.13.8

Fig.13.8

Dovendo fare quest'operazione da soli, fissate il capo finale in bitta e mettete tutta la cima nel gommone, perfettamente avvolta. Lasciate sfilare la cima da prora e procedete in retromarcia. Quando sarete sul punto, buttate la cima rimanente e l'ancora ma stando seduti. Operando in questo modo si va sicuramente più piano ma l'operazione è sicura. Ricordate che svolgere una cima da un gommone da poppa è sempre pericoloso, la cima vi scorre tra i piedi. A marcia indietro invece la cima è libera senza intralci nella parte prodiera, mentre motore skipper e ancora sono fuori portata. Fig. 13.9

Fig. 13.9

Come avrete notato, abbiamo sempre parlato di cima della seconda ancora, mai di catena, perché è impossibile distendere una catena con il gommone a causa del peso e dell'attrito con il fondo. Certamente, una quindicina di metri di catena si possono trasportare. In questo caso, si carica ancora, spezzone di catena e cima, a bordo del gommone, quindi sì da fuori tutta la cima e poi catena e ancora contemporaneamente. Rimango in ogni caso dell'idea che una cima molto lunga ed elastica, aiutata da un salmone, fa in ogni modo un ottimo lavoro ed è molto più maneggevole su un gommone.

Portare fuori la seconda ancora a nuoto.

Non disponendo di un battellino, o in caso di maretta e vento forte, l'operazione con il tender, può essere difficile e rischiosa. Temperatura dell'acqua permettendo, è molto più facile portare ancora e cima a nuoto, logicamente con degli aiuti. Si preparano pinne, maschera, un parabordo a pallone grosso e l'ancora con la sua cima. Si lega la sagola del diamante all'occhio del pallone con un nodo semplice a strappo. Potete anche, usare un moschettone ad apertura a strappo come quelli per lo spinnaker.

Dal mascone si calano un pallone grande, l'ancora e alcuni metri di cima che vanno sul fondo e non disturbano il nuotatore. Il più esperto è già in acqua, aggancia l'ancora e poi spinge il tutto tenendolo davanti a se. La cima è controllata dall'uomo in prua e non deve mai andare in tiro. Arrivati sul punto previsto, controllate due volte ,d'essere liberi da cime e con il corpo orizzontale. Si tira lo strappo e l'ancora va sul fondo.
Fig 13.10

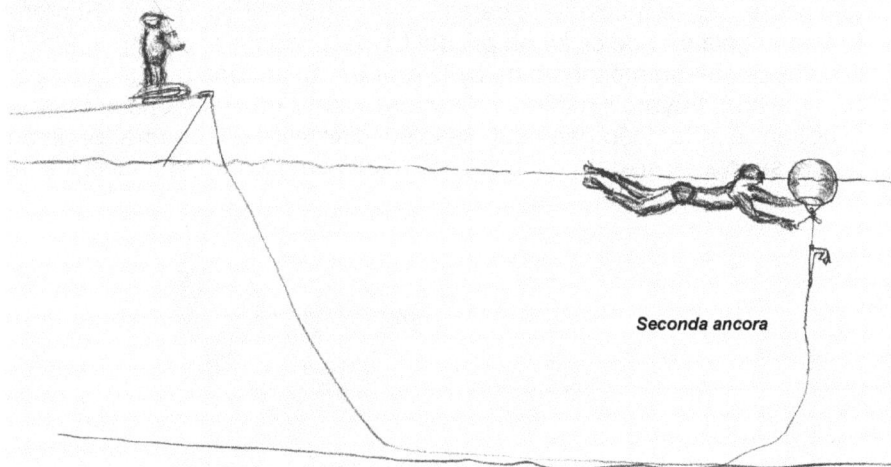

Seconda ancora

Non resta che tornare indietro con il pallone, che a questo punto serve come galleggiante per riposarsi ed è una sicurezza perché vi rende molto visibili. La persona a bordo segue il vostro rientro e poi cala un salmone e mette in tiro.

Questa manovra, si può fare anche con vento molto forte, perché un pallone affiorante e la testa di un uomo, offrono ben poca resistenza.

Lavorando con,cime, sia a bordo, tanto più in acqua, sarà utile avere sempre con se in un fodero, un coltello lungo, molto affilato e collaudato.

Importante anche un fischietto, che il marinaio e lo skipper dovrebbero avere sempre a portata di mano, per attirare l'attenzione di natanti che intralciano la manovra, o che possono diventare pericolosi per chi è in acqua. Se questa operazione si fa di notte, chi è in acqua deve avere una pila impermeabile, sono ideali quelle che si mettono in testa. Il marinaio a bordo avrà un faro potente per segnalare il pericolo.

Se necessario questa operazione si può fare anche da soli. Prima si cala in acqua il pallone con l'ancora appesa con la cima perfettamente addugliata ma con una decina di metri separati. Si porta fuori il tutto e giunti sul posto si sganciano una decina di metri di cima e poi l'ancora. Poi si ritorna a bordo a nuoto, svolgendo la cima rimanente.

Ricordatevi di legare sempre la fine della cima al parabordo per non perderla.

Recuperare o spostare un'ancora a nuoto.

Con la stessa attrezzatura e il medesimo sistema si può spostare un'ancora, senza muovere la barca e senza usare il gommone. Si prepara una sagola da dodici, lunga più del fondale, legata al pallone e armata sulla coda con un moschettone bello grande. Si va fuori a nuoto spingendo il pallone, trovato il punto, ci s'immerge con il moschettone in mano e si aggancia al famoso gambetto fisso sul diamante dell'ancora. Si riemerge, la sagola va slegata e infilata nell'anello del pallone, quindi si tira ver-

Fig. 13.11

so il basso fino a, quando, l'ancora si solleva dal fondo. Assicurato il carico con un nodo a strappo, si nuota spingendo il tutto fino alla barca o in una nuova posizione.   Fig.13.11

Credo sia chiaro, che con questo sistema, si possono recuperare o spostare anche oggetti pesanti, basta organizzarci con un paranco adatto e unire più palloni, il tutto è facilmente reperibile su una barca.

Nel caso di ancora molto fonda, o se non si ha dimestichezza con le immersioni, esiste un altro sistema. Quest'operazione si può fare sia a nuoto sia con un gommone. Si allasca il cavo dell'ancora che si vuole spostare o recuperare, si fa scorrere dentro una pastecca apribile o più semplicemente in un moschettone che va appeso sul fianco del gommone o sotto un parabordo a pallone. Si tira dalla parte giusta e si arriva per forza fino alla verticale sopra l'ancora. A questo punto si solleva e si sposta l'ancora senza immergersi.

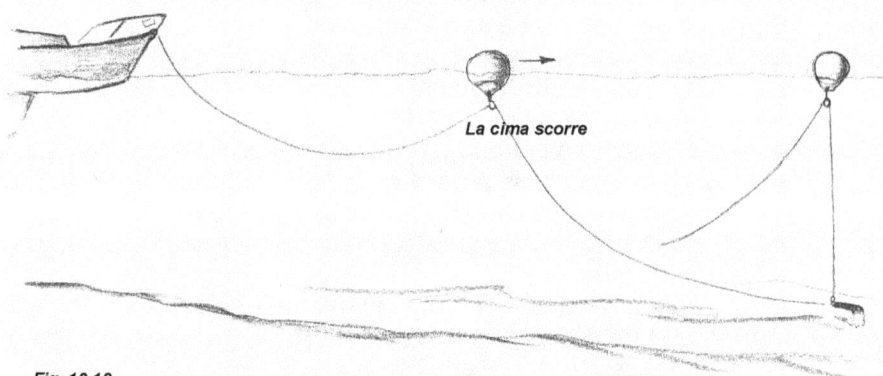

La cima scorre

Fig. 13.12

cemente in un moschettone che va appeso sul fianco del gommone o sotto un parabordo a pallone. Si tira dalla parte giusta e si arriva per forza fino alla verticale sopra l'ancora. A questo punto si solleva e si sposta l'ancora senza immergersi.

Questo sistema, ci permette di recuperare o spostare l'ancora, anche in acque torbide e profonde, senza spostare la barca.   Fig. 13.12

CAPITOLO QUATTORDICESIMO

Il salpa ancore.

I salpa ancore manuali, non sono più usati, anche perché quelli elettrici consumano il 30% di corrente in meno rispetto ai prodotti di trenta anni fa. Anche gli impianti di ricarica delle batterie si sono evoluti molto grazie all'elettronica. A parte il prezzo quindi non vi sono motivi per rinunciare a un accessorio così importante. Si dividono in due categorie: quelli ad asse verticale si chiamano :"argani", mentre quelli ad asse orizzontale :"verricelli", ma sono conosciuti da tutti come salpa ancore.
Come funziona e a cosa serve, un salpa ancore elettrico moderno:
Le parti principali sono:

- Un motore elettrico a corrente continua a 12 o 24 volt con potenze a partire da 500 watt.
- Un riduttore a ingranaggi su cuscinetti a sfere.
- Un ingranaggio esterno che ha degli incavi con la forma della catena detto barbotin, dal nome del suo inventore.
- Una doppia frizione conica, che rende solidale l'asse del riduttore, con il barbotin.
- Un comando della frizione. In genere un dado speciale, azionabile con la maniglia dei winch.
- Un rostro che serve ad allontanare la catena dal barbotin.
- Una campana su cui avvolgere una cima. La campana è sempre solidale con l'asse del riduttore, quando il motore gira, fa ruotare anche la campana.
- Due relais che mandano corrente al motore e determinano il suo senso di rotazione.
- Una o più pulsantiere di comando a distanza.
- Un salvamotore che toglie corrente in caso di sovraccarico.

Il salpa ancore più classico, quello ad asse orizzontale, è completo e facile da usare. Ha, però un difetto, sporge molto dal piano di coperta e spesso le scotte che gli passano sopra s' impigliano. Adatto quindi, a barche a motore sopra i dieci metri.
Figura 14.1
Per imbarcazioni di grosse dimensioni, con due

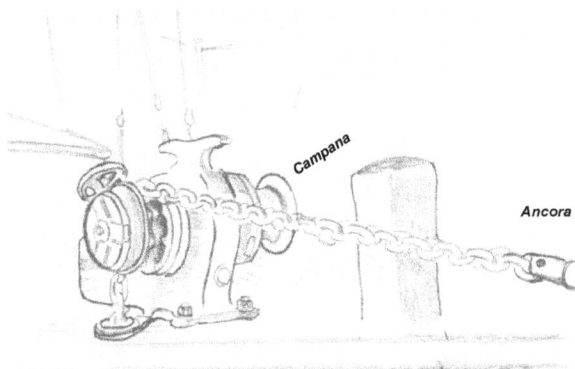

Fig.14.1

ancore in cubia, ci vuole un salpa ancore con due barbotin e una campana o molto meglio due salpa ancore, separati, uno per ogni linea d'ancoraggio.
Figura 14.2
Il sistema ora più in uso, sia su motoscafi sia barche a vela di piccole e medie dimensioni, è un salpa ancore ad asse verticale con solo barbotin. Figura 14.3
In questi casi manca totalmente la campana, sembrerebbe quindi che non si possa salpare una seconda ancora o brandeggiare una cima. In realtà non è così; basta organizzarsi adeguatamente. Per sfruttare la forza di questo salpa ancore bisogna: bloccare la catena dell'ancora con l'attrezzo specifico o con una cima e tre nodi parlati.

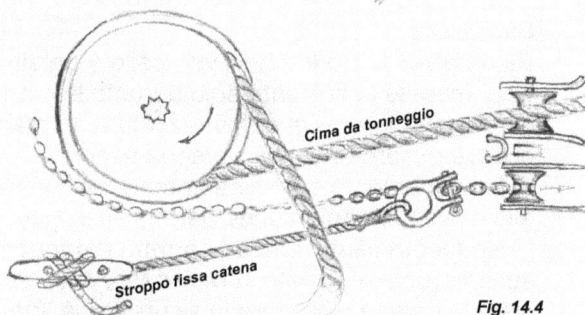

Fig. 14.2

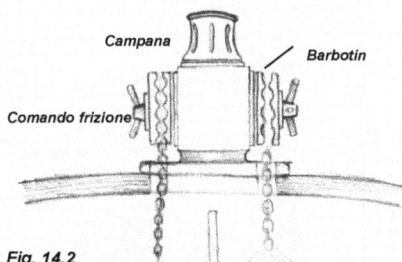

Fig. 14 3

1. La catena è bloccata in sicurezza, su una galloccia di prua.
2. Si libera il barbotin dalla catena, mettendola in tondo sulla coperta, dopo averne sfilato una decina di centimetri dal pozzo catena. Massima attenzione durante quest'operazione, nessuno deve toccare il comando a distanza per non far marciare il salpa ancore involontariamente. Meglio usare un rampino, piuttosto che lasciarci le dita.
3. A questo punto il barbotin, è libero, basta passarci attorno, la cima dell'ancora, o quella da tonneggio e se si è adoperata la cima di diametro corretto fa presa perfettamente. Per capirci, su un barbotin per catena da otto, fa presa una cima a tre legnoli da quattordici o più. Su un barbotin per catena da dieci, fa presa una cima da sedici o più.
Figura 14.4

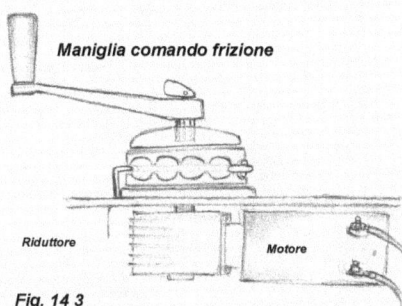

Fig. 14.4

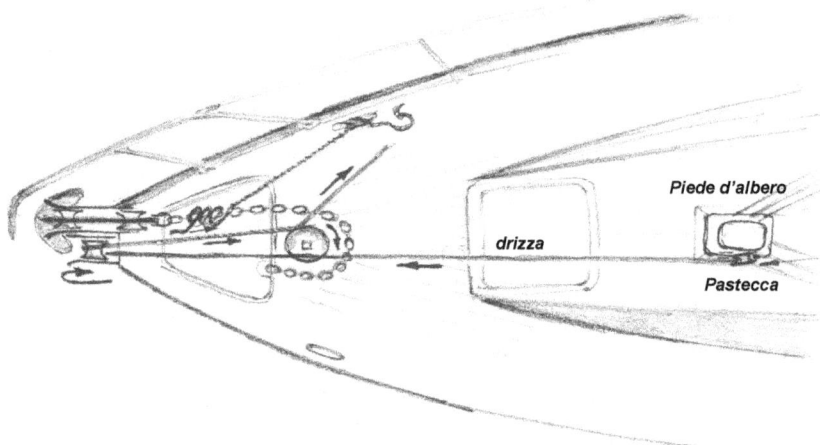

Fig.14.5

Il salpa ancore, può servire anche a sollevare un uomo sull'albero. Dopo aver scelto la drizza del fiocco o della randa adatta, si sfila dai rinvii tranne quello alla base dell'albero e si porta a una puleggia fissata al punto di mura del fiocco o si usa la puleggia dell' ancora e si avvolge sul tamburo o sul barbotin. Figura 14.5

L'uomo deve essere sempre messo in sicurezza, con una seconda drizza frenata su un winch con quattro giri. Per fare quest'operazione, servono tre persone: una sull'albero una al salpancora e una al winch. Per agganciarvi non usate mai i moschettoni automatici. Nella manovra vanno facilmente a contatto con le sartie che agganciano il comando a strappo e lo aprono. In altri casi la sartia s'infila dentro il moschettone. Questo succede, dove il sartiame si avvicina a "V" all'albero.

Sicurezza.

Ricordatevi sempre, che il verricello è un'attrezzatura molto forte e pericolosa. Inserite la corrente solo durante le manovre. Non lasciate mai, giocare i bambini con quest'attrezzatura. In manovra vicino al salpa ancore ci deve essere una sola persona esperta.

Il funzionamento del salpa ancore deve essere conosciuto in ogni dettaglio dall'equipaggio anche per motivi di sicurezza.

I salpancora usati in modo corretto reggono lo sforzo di un ancoraggio senza problemi. Esiste in ogni caso, della ferramenta specifica per agganciare la catena e mettere in sicurezza la linea d'ormeggio. Tale attrezzatu-

ra permette inoltre di liberare il barbotin dalla catena in modo da poter uti-
lizzare l'argano per altri usi, per la seconda ancora o per brandeggiare
una cima.
Il barbotin, ha sempre una frizione e un sistema per allentarla o bloccarla.
La campana invece è sempre in presa, se gira il motore, ruota anche la
campana.
Il barbotin in genere gira, ma tira a fondo soltanto se si stringe la frizione,
altrimenti slitta. Dopo aver ormeggiato, ci si deve ricordare di stringerla a
fondo e di togliere sempre la maniglia, se il salpancora è azionato con la
maniglia inserita, si possono ferire le persone e in certi casi si svita completamente la frizione rendendo libera la catena.

I telecomandi vanno sistemati in modo da non essere calpestati o
subire urti tali da azionare il motore. Quello di prua è meglio infilarlo in
una tasca legata al pulpito. Quando c'è un uomo al salpa ancore a prua,
non si deve nemmeno toccare il telecomando di poppa.

I cavi elettrici del salpa ancore sono molto grossi, vanno protetti da
urti e abrasioni perché un eventuale corto circuito provocherebbe danni
notevoli.

La catena o la cima che arriva su un barbotin, o su un tamburo, deve essere perfettamente ortogonale rispetto all'asse di rotazione, in caso
contrario può saltare o
scarrucolare.

Salpando la catena in
condizioni normali non ci
sono problemi. Invece
quando si brandeggia, o
quando la seconda an-
cora tira di lato, la cima
esce facilmente dalla
bocca e su tutte le bar-
che, va ad incastrarsi,
anche in modo brutale

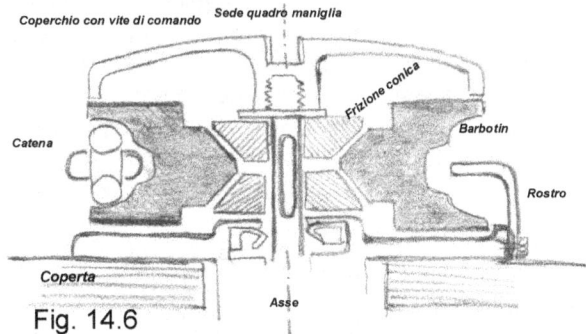

Fig. 14.6

tra la falchetta e il pulpito. Logicamente, questi incidenti accadono sempre, nei momenti meno opportuni. Si può migliorare la situazione, andando a modificare il musone di prua aggiungendo un sistema di chiusura
alla bocca, ad esempio una spina sfilabile che impedisce alla cima di poter saltare oltre le guance.
Usando il salpancora e in manovra in generale calziamo scarpe chiuse e
guanti di cuoio.
 Con i guanti ci difendiamo dalle concrezioni taglienti dagli ami e dagli animali urticanti che ci possono essere sulle cime, inoltre la presa sul cordame viscido è certamente migliore.

Manutenzione

Per fare la manutenzione alla frizione, basta ad inizio stagione spruzzare del grasso spray nelle feritoie che ci sono ai lati del barbotin. Se non è sufficiente dobbiamo svitare completamente il coperchio, smontare il rostro e sfilare dall'asse il barbotin con le due frizioni. Con un martello di piombo diamo dei colpi al centro del barbotin, si staccheranno le due frizioni coniche, una per parte. Puliremo tutto con cura, passeremo un po' di grasso marino, sulle frizioni coniche, sull'asse e sulla vite di regolazione e rimonteremo il tutto. Svitando il comando della frizione la catena deve scorrere con facilità. Stringendo, la catena si deve bloccare.
Fate attenzione a non perdere la chiavetta. Figura 14.6
Se serve si può cambiare calibro della catena, ad esempio per passare dall'otto al dieci basta cambiare il barbotin e talvolta il rostro.

Il consumo d'energia elettrica del salpa ancore.

Il consumo sotto sforzo di un salpa ancore è rilevante, ma se si usa per pochi minuti, non ci sono problemi; inoltre in genere saremo in manovra e pertanto il motore sarà in moto e fornirà gran parte della corrente necessaria. Se siamo fermi all'ormeggio e dobbiamo tirare due metri di catena, non è certo necessario mettere in moto il motore, anzi solo per avviarlo consumeremo più corrente di quanta in realtà ci servirà.
Una barca moderna di dodici metri ha sicuramente una batteria da 180 Ah per i servizi. Il salpa ancore sarà da 1000 watt, con un consumo da 70-100 A massimo. Abbiamo una capacità doppia del necessario. In realtà l'alternatore quando il salpa ancore è sotto sforzo produce da 60 a 80 A è quindi in grado di compensare gran parte del consumo.
Pertanto il complesso: batterie, alternatore, salpa ancore, è ampiamente dimensionato per sopportare più manovre della durata d'alcuni minuti ciascuna.
Stiamo attenti invece a non forzare eccessivamente e a lungo il nostro salpa ancore, c'è il rischio di surriscaldare il motore elettrico. Non usiamo mai il verricello per virare sull'ormeggio fino all'ancora magari con il vento contro. Si può usare il solo salpa ancore per dieci metri ma soltanto per un reale problema ad esempio in caso di cime vicino all'elica. In caso di sforzi prolungati il salpancora va lasciato raffreddare per alcuni minuti prima di iniziare un'ulteriore manovra.
Il salpa ancore ha un motore progettato per sopportare sforzi anche gravosi ma per tempi brevi.
Evitate di azionare il salpancora a scatti con azionamenti ripetuti. Un motore elettrico azionato ripetutamente sotto sforzo ha un picco d'assorbimento fino a tre volte il consumo normale. Così facendo mettete in crisi: il motore elettrico, l'alternatore e le batterie. Quando fate una manovra aiutate il salpa ancore con la spinta dell'elica, appena possibile

mettetevi al vento. Quando si salpa un'ancora, spesso il vento ci traversa e la catena viene su lateralmente con grande attrito sul basculante; per evitare questi enormi sforzi inutili, spostate la poppa col timone per mettervi in linea con la catena. Se arrivati a picco sull'ancora, questa non si speda facilmente, fermate, date fuori tre quattro metri e poi avanti con il motore a salpa ancore fermo. Se l'ancora non è incattivita, si stacca dal fondo. I tre metri di calumo servono per avere un minimo d'accelerazione, sarà la massa dell'imbarcazione che farà il resto (forza = massa x accelerazione).

La frizione.

Abbiamo visto com'è fatta la frizione e come si smonta. Vediamo ora a cosa serve e come usarla. Quando diamo fuori l'ancora, mandiamo un uomo a prua e usiamo sempre la frizione per farla scendere. Non tanto per risparmiare energia, quando l'ancora va giù, il consumo è relativamente basso, ma perché lasciando la catena libera di scorrere sotto l'azione del proprio peso, l'ancora va sul fondo molto rapidamente e arriva nella zona prevista dal timoniere. Se usiamo il motore elettrico, che è molto più lento, intanto che l'ancora scende, la barca si sarà spostata di parecchi metri e dovremo rifare la manovra.
La catena libera di scorrere rende più manovriera la barca che non ha la prua, trattenuta da una catena che va giù troppo lentamente. Quando vogliamo saggiare la tenuta dell'ancora, cominciamo a stringere leggermente la frizione, così distenderemo gradualmente la catena. Metteremo quindi in tiro con un'azione modulata e progressiva sulla frizione. Chi comanda spesso un salpancora acquisisce una particolare sensibilità ed è in grado di capire, quando la catena si distende, quando l'ancora inizia a prendere, poi molla, poi riprende. Si sente, dalle vibrazioni della catena, dallo strattonare della frizione, di tutto questo, se lavoreremo col comando elettrico di poppa, non avvertiremo nulla, solo alla fine sentiremo un grande strattone. Questi strattoni sono pericolosi per le attrezzature coinvolte e se la barca non è allineata, possono provocare degli scodinzolii della poppa e della prua.
Comandando il salpa ancore da poppa, non è facile vedere che la catena sta andando in tiro, si deve manovrare con lentezza per limitarne gli effetti.
Pertanto useremo il comando elettrico del salpa ancore da poppa, soltanto, quando saremo soli o con equipaggio inaffidabile. In tal caso cercheremo di usare poco gas in retromarcia e daremo subito giù catena non appena inizierà a tirare, altrimenti ci sarà un forte strappo e se metteremo in folle, il tiro ci allontanerà dalla banchina di parecchi metri. Quando siamo in tensione, vicini alla banchina, con il motore in marcia indietro e barca ferma, non dobbiamo lanciare le cime a terra, ma prima diamo fuori alcuni

metri di catena man mano che lentamente togliamo giri al motore. Ciò permette alla catena di adagiarsi sul fondo e ridurre al minimo il tiro. Quindi metteremo in folle e passeremo a terra le cime. Finita la manovra a poppa, recupereremo un po' di catena e stringeremo a fondo la frizione ed eventualmente metteremo il blocco se le condizioni meteo lo consigliano.

CAPITOLO QUINDICESIMO

Risolviamo i problemi con le cime.

Una cima nella nostra elica.
Soprattutto facendo manovra può succedere di prendere una cima nella nostra elica. Quando succede si sentono forti vibrazioni provenire dalla trasmissione, si deve in questo caso togliere immediatamente il gas e mettere in folle cercando di capire l'origine del problema. Attenzione che in genere in comando si blocca e non si riesce a portare la marcia in folle, si deve allora spegnere il motore.
E' una situazione critica, non tentiamo assolutamente, nessun tipo di manovra con il motore. Valutiamo la situazione: o la barca sta ferma, perché trattenuta dalla cima nell'elica oppure dovremo mettere subito un'ancora, eventualmente con il gommone, in modo da tenerci distanti dagli ostacoli. Si farà con calma, perché liberare un elica non sarà un operazione né semplice né veloce.
Prima possibile ispezioneremo la sentina dove c'è il piede o l'asse, se non ci saranno infiltrazioni d'acqua e se l'asse sarà al suo posto, il problema non sarà così grave. Le conseguenze per una cima che s'impiglia nell'elica, sono diverse secondo il tipo di trasmissione.

Linea d'asse tradizionale.
Nel caso in cui l'elica, aggancia una cima fissata in coperta,questa andrà ad avvolgersi tra elica e cavalletto. Poiché il diametro dell'asse, è piccolissimo rispetto al diametro del volano, anche con il motore al minimo, si sviluppano delle tensioni enormi e i danni possono essere notevoli: piegatura dell'asse, o anche scardinamento del cavalletto con possibile falla. (Vedi figura 15.1)
Nel caso invece di una cima libera, si formano delle spire tra l'elica ed il cavalletto o tra questa e lo scafo, che agiscono come la vite di un estrattore e la trazione in senso assiale sarà enorme, tale da strappare i bulloni del giunto, sgranare l'asse, o strappare la campana dell'invertitore. Se cederanno per primi i grani dell'asse il male sarà minore. Sono stato spettatore di un caso di una barca con una linea d'asse molto robusta, in cui tutto ha tenuto troppo e lo sforzo assiale si è scaricato sulle staffe del motore, queste si sono piegate al punto da sfondare il basamento. Il danno economico e i tempi di riparazione sono stati notevoli. Figura 15.2
Tutto questo dovrebbe far pensare i soliti tradizionalisti, per i quali non c'e nulla di più semplice, affidabile e duraturo di una linea d'asse. Il sistema migliore per evitare danni gravi è quello di adottare un mancione con soli bulloni senza chiavette né grani. In caso di sforzo eccessivo l'asse scivola nel manicotto e si sfila, ma un anello apposito (non in commercio), impedisce che l'asse oltrepassi la tenuta e si sfili completamente.

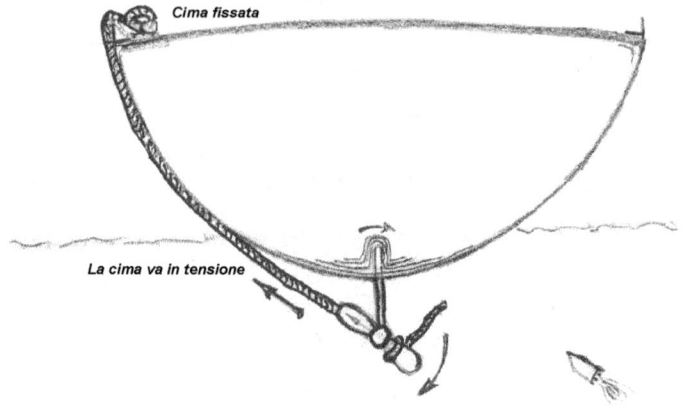

Cima fissata

La cima va in tensione

Fig.15.1

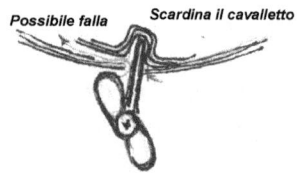

Possibile falla   Scardina il cavalletto

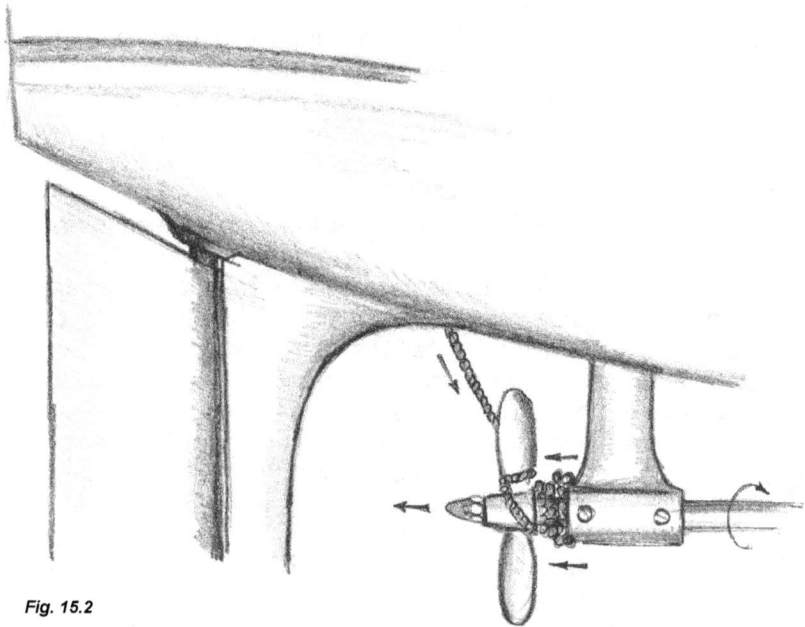

Fig. 15.2

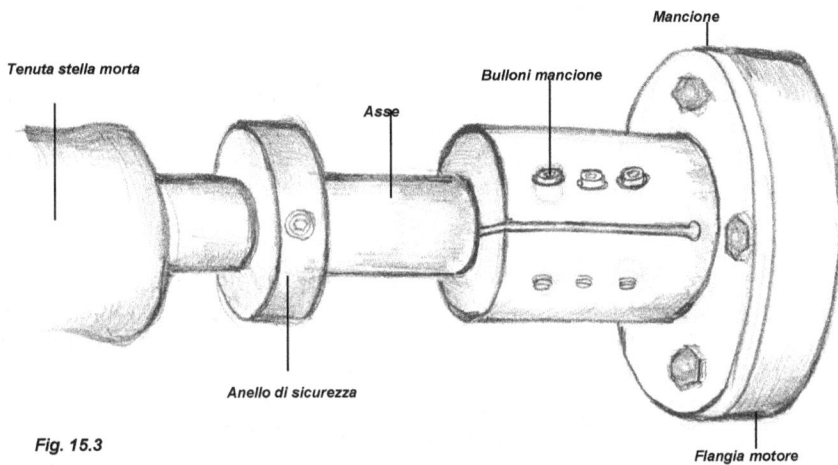

Fig. 15.3

Labels on figure: Tenuta stella morta, Asse, Bulloni mancione, Mancione, Anello di sicurezza, Flangia motore

completamente. Si evita così di perdere l'asse e di avere come conseguenza una pericolosa via d'acqua attraverso la stella morta. Per ripristinare questo tipo d'accoppiamento, basta allentare i bulloni, infilare l'asse e stringere. Non servono estrattori o attrezzi speciali. Abbiate molta cura di questi bulloni, ingrassateli frequentemente. Se l'asse è rimasto al suo posto e la cima è incastrata, conviene allentare i bulloni del mancione, sfilare l'asse di un paio di centimetri. Sarà così molto più agevole il lavoro sott'acqua. Aiutatevi con un martello da muratore da un kilo. Figura:15.3 Non sarà comunque facile togliere la cima tra elica e stella morta o tra elica e cavalletto, in quanto per il forte attrito la cima in genere fonde e crea un blocco unico, una specie di cilindretto di plastica fibrosa molto tenace. Si deve intervenire con un seghetto per metalli (meglio quelli piccoli moderni) o come minimo con un coltello per il pane che ha i denti come una sega. Si fanno quattro tagli, senza intaccare l'asse, poi con scalpello e martello si eliminano i pezzi di cima fusa. Questa operazione fatta in apnea, è quasi sempre molto lunga e stressante. In tutti i lavori subacquei, aiuta molto essere ben zavorrati, per poter rimanere sul punto senza dispendio d'energie e concentrazione. Nella nostra attrezzatura subacquea, ci dovrà essere una cintura con i piombi (almeno quattro chili) una maschera, un boccaglio e un paio di pinne corte che sono più maneggevoli e non s'impigliano ogni momento.

Trasmissioni con piede.

L'asse dell'elica, è scanalato (brocciato) e le stesse scanalature le troviamo, nel foro del mozzo dell'elica. Questo tipo d'accoppiamento, è molto robusto e non permette nessun tipo di scivolamento (anche sotto sforzo) inoltre ha il grande vantaggio di permetterci di smontare e rimontare l'elica con relativa facilità, senza l'uso di estrattori, basta un martello.
Se sottoponiamo la nostra elica a sforzi torsionali violenti, si sbriciolerà lo strato di gomma posto tra mozzo e pale. Tale strato ha la specifica funzione di smorzare gli strappi e le vibrazioni ma anche di cedere se sottoposto a sforzi eccessivi. In quest'ultimo caso le pale scivolano sul mozzo e in caso di retromarcia si sfilano e cadono sul fondo. Questo fatto, è previsto e augurabile, perché serve a preservare dalla rottura, altre parti del piede e dell'invertitore ben più costose di un'elica fissa. Figura 15.4
Attenzione però che questa sicurezza non esiste, ad oggi, sulle eliche a pale abbattibili o orientabili.
Se riuscite a recuperare le pale che si sono sfilate, c'è una soluzione per continuare la crociera. Si fanno sei fori ortogonali all'asse, si maschiano 8 MA si avvitano sei grani conici 8MA X 15 e si rimonta il tutto in acqua.
In pratica il mozzo rimane al suo posto. Il lavoro si fa sull'elica, fuori dall'acqua. Sott'acqua, si deve battere con una mazzetta l'elica sul mozzo e stringere a fondo due grani per ogni pala.
Questi piedi, montano eliche in alluminio, relativamente economiche; è

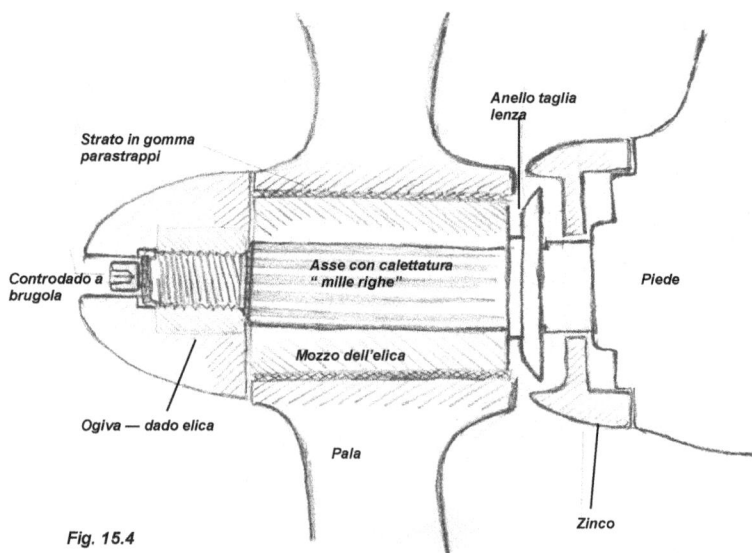

Fig. 15.4

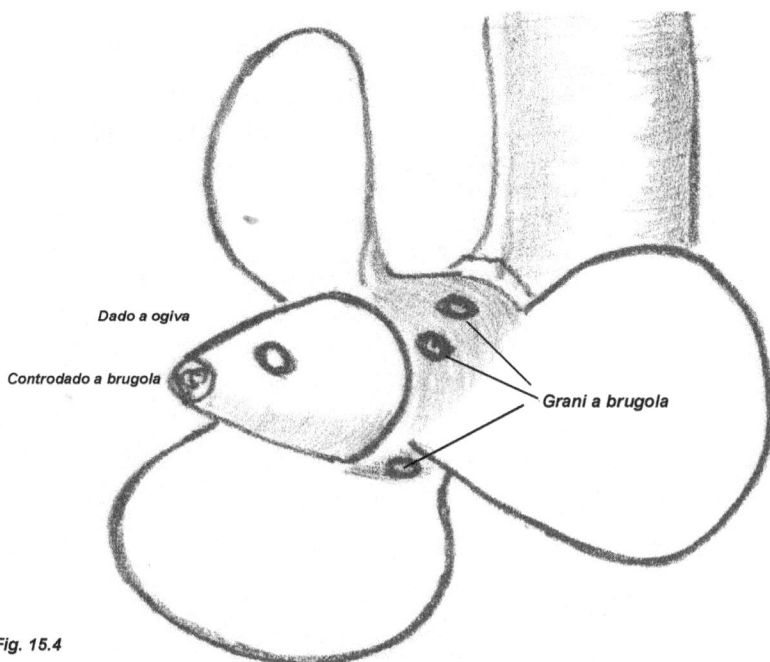

Dado a ogiva

Controdado a brugola

Grani a brugola

Fig. 15.4

quindi, possibile tenerne una di scorta. Sappiate che si può fare la sostitu-
zione dell'elica anche in apnea. Se ogni tre anni, avremo l'accortezza di
smontare personalmente l'elica e di lubrificare l'asse con grasso speciale
blu, in apnea tutto apparirà più facile perché non ci sarà ossidazione e
sapremo esattamente cosa fare. Inoltre saremo sicuri di avere a bordo
tutto quello che serve: chiave a stella, prolunga in tubo per fare leva, chiave a brugola del contro dado e un blocchetto di legno a misura per fare
scontro tra una pala e lo scafo.
 N.B. usate solo chiavi a stella piatte perché quelle a bussola o a stella a
"z", (avendo il braccio di leva fuori asse), sotto sforzo possono scivolare e
questo sott'acqua, diventa pericoloso. Assicurate le chiavi con degli ela-
stici, per non perderle ma evitate i cordini che sono pericolosi. Quando si
lavora su un motore o su un'elica, la chiave dell'avviamento va tolta dal
quadro e le batterie staccate per motivi di sicurezza. Basta un semplice
contatto elettrico fortuito sul relè del motorino per far partire un motore.
Per togliere una cima aggrovigliata sul mozzo, sarà sufficiente una sega,
perché la cima non potrà in nessun caso arrivare all'asse. L'operazione
sarà pertanto più agevole, che nel caso della linea d'asse. Soltanto il filo
da lenza, o un cordino sottile, può insinuarsi tra elica e piede, ma proprio
lì c'è un apposito coltello circolare detto "taglia lenza" pronto a tagliarlo.
Vedi fig. 15.4

Una cima o una catena s'impiglia nella deriva.

Mantenendo la calma, questo genere d'incidente si risolve velocemente. Se durante una manovra in porto, sentiamo la barca improvvisamente frenata o deviata da qualcosa e se l'eco scandaglio ci rassicura riguardo al fondale, probabilmente abbiamo preso una linea d'ormeggio nel timone, o nella chiglia. Immediatamente, mettiamo il motore in folle e cerchiamo di individuare a quale barca, appartiene la cima in questione. In genere, stiamo passandole davanti e si vede la prua che si abbatte leggermente, mettendo in tensione una linea d'ormeggio. Cerchiamo di vedere o intuire dove si trova questo impiglio. Se siamo sicuri di avere la linea d'ormeggio davanti alla chiglia e se sappiamo che in marcia indietro la

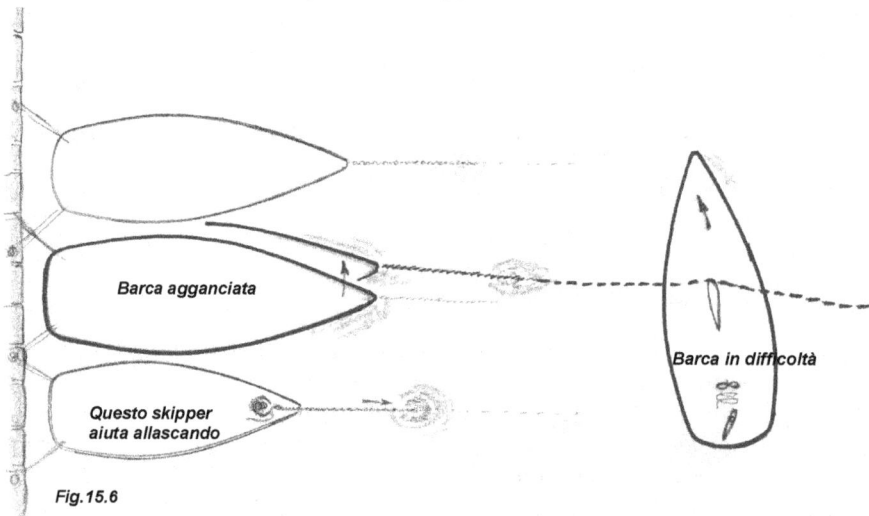

Barca agganciata

Questo skipper
aiuta allascando

Barca in difficoltà

Fig.15.6

poppa si sposta a destra, saremo fuori facilmente. Ricontrolliamo, se elica e timone sono liberi, e diamo indietro lentamente, ma solo per un metro, poi diamo dei piccoli colpi di motore avanti, con barra alla banda, per far accostare la prua a sinistra, quindi dei colpi indietro per ruotare la poppa a destra. Attenzione: il timone va invertito solo, quando la barca retrocede realmente. Rammentiamo che c'è sempre un tempo notevole tra azione sull'invertitore e arresto dello scafo. Manovreremo con calma e poco motore. Quando saremo paralleli alla linea d'ormeggio, usciremo lentamente di poppa.

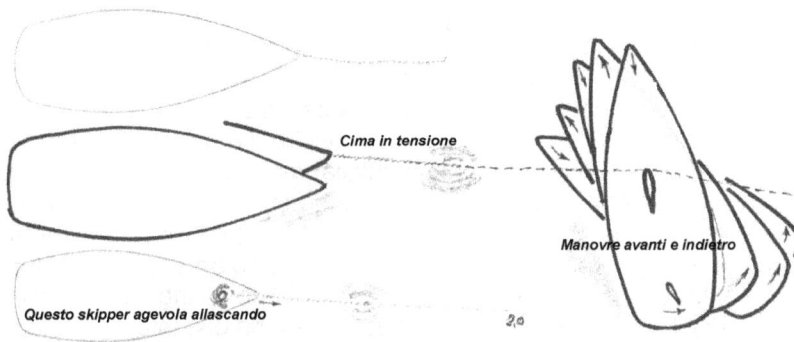

Cima in tensione

Manovre avanti e indietro

Questo skipper agevola allascando

Fig. 15.7

Chiaramente se dietro di noi abbiamo un'altra linea d'ormeggio tesata alta, dovremo manovrare in spazi veramente ristretti (tre quattro metri). Chiaramente se il tempo è buono e l'equipaggio delle barche coinvolte è gentile, allora allascheranno parzialmente la cima di prua e potremo evoluire in spazi più ampi con maggior sicurezza ed efficacia. Figura 15.7 Riferendoci sempre alla situazione vista; se a marcia indietro la nostra

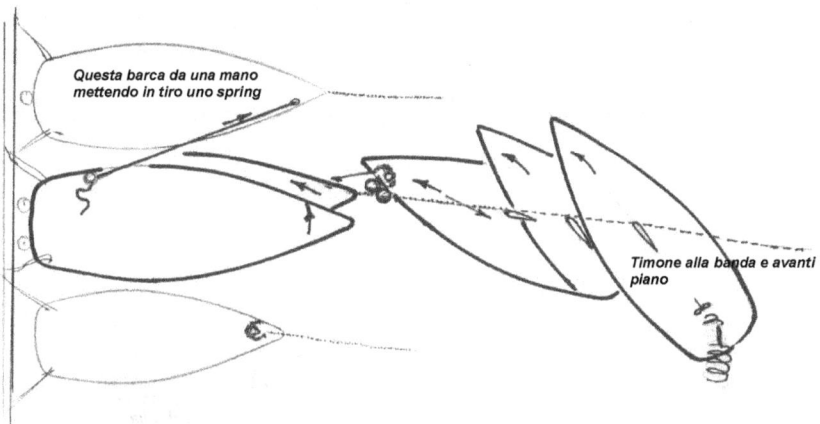

Questa barca da una mano mettendo in tiro uno spring

Timone alla banda e avanti piano

Fig. 15.8

barca sposta la poppa a sinistra, non dovremo fare retromarcia, perché peggioreremo le cose, pertanto faremo ruotare la barca di 90° ma a marcia avanti. Manderemo qualcuno a prua, con un pallone; poi faremo perno sulla cima, a marcia avanti al minimo, con timone alla banda.
  Dopo aver ruotato di una trentina di gradi, la chiglia scivolerà e la barca

andrà inesorabilmente, verso la prua della barca agganciata. Su questa prua, bisogna arrivarci piano e se abbiamo un marinaio in gamba, troverà il punto giusto sul quale contrastare, la spinta del motore con un mezzo marinaio. Motore al minimo, daremo marcia avanti e timone alla banda, per spostare la poppa e far ruotare la barca sul posto, per portarla parallela alla linea d'ormeggio e poter poi uscire. I movimenti trasversali, sono lenti per la resistenza di scafo e chiglia, ma bisogna avere pazienza. Va tenuto sempre presente, che la barca su cui, noi cerchiamo di fare perno, è spinta indietro, e se tende a sbattere di poppa, dobbiamo interrompere la manovra o ridurre i giri, per dare tempo all'altro equipaggio di provvedere. Le barche a fianco possono armare uno spring dalla prua alla poppa della barca agganciata, in modo da tenerla distante dal molo. Saranno utili anche dei parabordi a poppa. In questi casi, conviene sempre attirare l'attenzione e chiedere un aiuto, due braccia in più a prua sui pulpiti faranno comodo. Finita la manovra, porteremo una buona bottiglia di vino per scusarci e ringraziare dell'aiuto.

Una cima o una catena s'impiglia tra deriva e timone.

In questo caso più sfortunato, se le barche coinvolte possono e vogliono allascare e quindi abbassare la linea d'ormeggio, ce la caviamo a buon mercato, altrimenti le cose si complicano. Il motore deve rimanere assolutamente fermo.
Osserviamo la direzione del vento: 1) Se non ci spinge via dalle barche ormeggiate, dobbiamo sfilare la barca con un gommone munito di fuoribordo.
Cominciamo a tirare dalla poppa per liberare l'elica. Prima di iniziare la

Fig.15.9

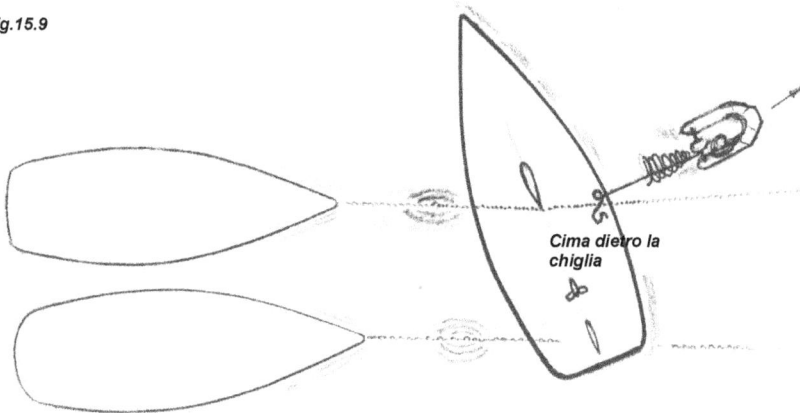

Cima dietro la chiglia

manovra, va tenuto conto: di quanto spazio abbiamo, se la barca può ruotare, com'è fatta la deriva. Cerchiamo di trainare la barca di traverso, se il vento lo consente, per una decina di metri fino ad avere il timone libero, poi la prendiamo di prua, in modo da liberare la deriva. Con un gommone, è sempre più facile spingere piuttosto che trainare. Spingendo inoltre, si può cambiare più volte punto d'appoggio, per bilanciare meglio. Non sempre però c'è lo spazio per infilarsi con il gommone. Se non rimane nessuno a bordo, durante queste manovre, il timone va rigorosamente bloccato al centro.

Figura 15.9

Le barche a vela con la deriva a forma di siluro, è meglio che si sfilino di prua. Una cima o catena in tensione, non può venir via da questa protuberanza. Se andiamo via di poppa, richiamo di sollevare tutta la linea d'ormeggio fino all'ancora, ma anche questa non ci mollerà tanto facilmente, oltre a procurare seri problemi alla barca ormeggiata.

Figura 15.10

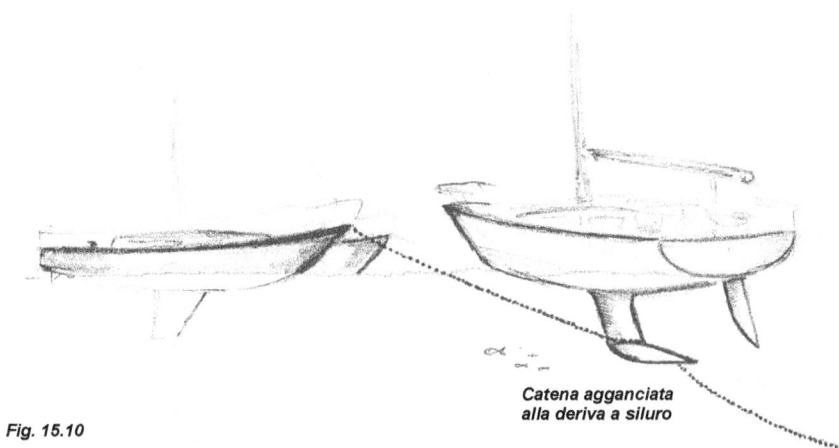

Catena agganciata
alla deriva a siluro

Fig. 15.10

Osserviamo la direzione del vento: 2) Se ci spinge addosso alle barche ormeggiate, non possiamo e non dobbiamo fare nessuna manovra. Ci preoccuperemo sia a prua, e sia a poppa, di prenderci sui pulpiti delle due barche, su cui andremo inesorabilmente ad appoggiarci. Cercheremo di non fare danni. Dovremo stare in questa posizione, fino a, quando qualcuno non verrà a sostituirci e solo quando la situazione sarà stabilizzata, potremo iniziare la manovra di recupero con il gommone.

Lo stare aggrappati, a respingere i pulpiti di prua delle altre barche è una situazione stressante in quanto è difficile e talvolta impossibile, interporre dei parabordi.

Prima di usare il gommone, sarà molto utile tirare fuori un salmone.

Lo metteremo sulla cima, che ci limita i movimenti in modo da poterla allascare un poco, senza rischiare di mandare in banchina la barca che ci regge. Se abbiamo un salmone a forma di U o V rovesciata è il momento di usarlo, in quanto si può mettere a cavallotto di una cima sommersa senza particolari difficoltà. Figura 15.11

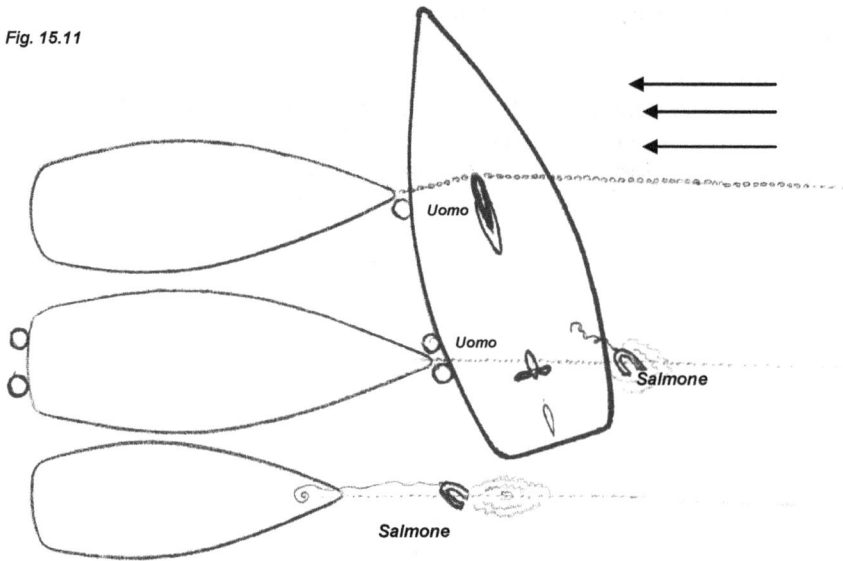

Fig. 15.11

Uomo

Uomo

Salmone

Salmone

Conclusioni: Sfilando davanti ad imbarcazioni all'ancora, fate attenzione, alle linee d'ormeggio in tessile che pesando poco hanno poca inclinazione, soprattutto dove c'è scarso fondale e quando tira vento. Tutte le volte che saremo costretti a manovrare in vicinanza di barche all'ancora, sarà meglio mandare qualcuno bravo a prua con il compito di segnalarci i pericoli. Se ci capiterà di agganciare qualche cima o catena manteniamo la calma e cerchiamo la collaborazione delle barche coinvolte.

.CAPITOLO SEDICESIMO.

Togliere dai pasticci una barca incagliata

.
Incagliati su fango o sabbia.
Se ci incagliamo su un fondo fangoso o sabbioso in modo lieve, per prima cosa, allaschiamo la scotta della randa e avvolgiamo il fiocco, se siamo in poppa ammaineremo la randa. . Mettiamo in moto il motore e lasciamolo riscaldare, diamo marcia indietro progressivamente, fino al massimo dei giri. Insistiamo per alcuni minuti, facendo spostare lentamente tutto l'equipaggio, prima su un bordo poi sull'altro per cercare di creare un solco nel fondale. Quindi sposteremo tutti ad estrema prua, timoniere compreso nel tentativo di sollevare la parte posteriore della chiglia che tende ad impuntarsi. Nel caso non ci siano risultati apprezzabili, sarà meglio cambiare sistema. Facciamo riposare il motore al minimo, per alcuni minuti. Poi cerchiamo di far ruotare la deriva nella sabbia, a destra e a sinistra, in modo da allargare e approfondire il solco. Diamo motore avanti, progressivamente, con timone alla banda da una parte e poi dall'altra, più volte, fino ad ottenere degli spostamenti della poppa. A questo punto, si ripete la manovra in retromarcia, come già visto. Non forziamo mai, un motore a freddo e non teniamolo al massimo dei giri inutilmente.
In caso di risultati scarsi, cambiamo tattica. Ci organizziamo, se lo abbia-

Fig.16.1

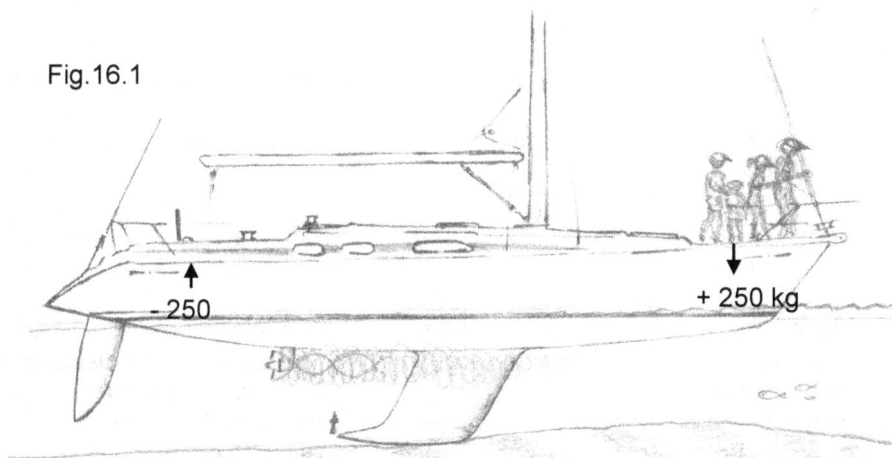

mo, con gommone e fuoribordo. Agganciamo la cima della seconda ancora alla drizza dello spinnaker. Colleghiamo la cima alla poppa del gommone e iniziamo a tirare al traverso, prima lentamente, poi a tutta manetta, fino ad abbattere l'albero di almeno una trentina di gradi. Contemporaneamente, chi è rimasto a bordo della barca incagliata, dà indietro tutta, Non abbiate nessun timore, per quanto riguarda, la robustezza dell'alberatura nel suo insieme. Sartiame ed albero sono abbondantemente sovradimensionati per poter sopportare sbandamenti fino a 90°, anche ripetuti. Abbattendo la barca di una trentina di gradi, il pescaggio diminuisce del 10%, ad esempio: da un pescaggio di due e dieci si passa a un metro e novanta. In genere, questa manovra risolve il problema. Se al primo ten-

Fig. 16.2

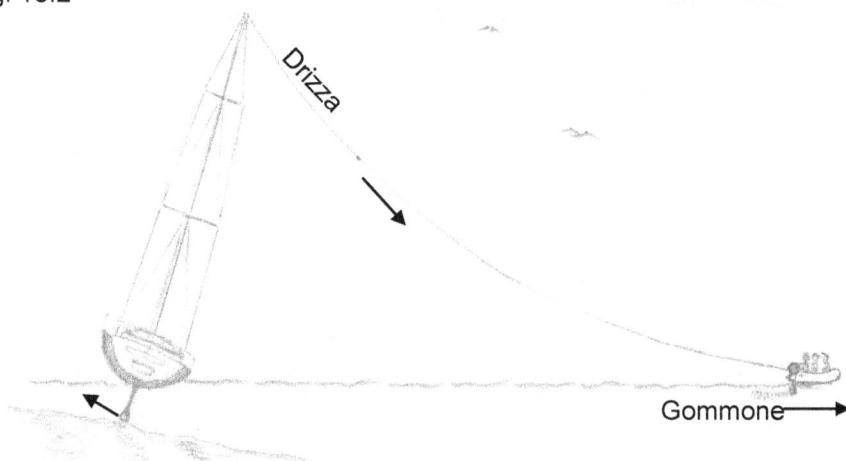

Drizza

Gommone →

tativo, non si hanno risultati, non desistite. Lasciate riposare i motori per alcuni minuti, e poi riprovate con maggior slancio e decisione. Conviene mettere sul gommone più equipaggio possibile, per aumentare la massa e per alleggerire la barca. Con tre persone a bordo invece di una: la massa complessiva raddoppia. La forza sviluppata dal gommone al momento dello strappo sarà doppia. Ricordiamo che: la forza è data dalla massa per l'accelerazione ($F = m \times a$). Per coordinarsi tra barca e gommone, sarà opportuno usare dei segnali sonori. Se la forza del nostro gommone, non è sufficiente, possiamo accettare l'aiuto di un altro gommone, che metteremo a "V" stretta a tirare a fianco a noi, qualunque altra disposizione è pericolosa. Di norma non fatevi aiutare da motoscafi perche a bassa velocità non governano ed hanno potenze eccessive, rischiate di procurarvi dei danni. Meglio chiedere aiuto ad una barca di pescatori che hanno scafi pesanti, eliche da tiro e grand'esperienza.
Come drizza, va usata quella dello spinnaker, perche è l'unica con l'uscita dall'albero fatta in modo tale da poter lavorare di traverso senza provocare danni. Sul gommone, attaccatevi allo specchio di poppa con una cima a "v" o sul motore.   Figura 16.2
Dopo questi tentativi, se siamo ancora incagliati, consultate le tabelle di

marea e andate sott'acqua a verificare lo stato d'impantanamento.
Se si è attrezzati con bombole o narghilè ci si può immergere ben zavorrati e spalare via il terreno dai fianchi attorno alla chiglia, ma in genere, è un lavoro veramente duro e lungo.
La forma stessa della chiglia influisce molto sulla facilità o meno di disincaglio, quelle più facili da liberare sono quelle corte con la suola a "v" e con la parte posteriore leggermente rialzata. Veramente ostiche sono quelle a suola molto piatta e larga e con la parte posteriore bassa.

Incagliati su fondo roccioso.

In questo caso la situazione è più seria. Per prima cosa bisogna andare sott'acqua, zavorrati, a verificare la situazione. Va valutata la direzione più favorevole per sfilare la barca.

Mentre nella sabbia, spesso si riesce a creare un solco, lo scoglio, non cede nemmeno di un millimetro, a meno di non usare una mazza. Quando è possibile, bisogna cercarsi lo spazio tra uno scoglio e l'altro. Se s'intravede una possibilità, l'uomo in acqua, darà le indicazioni al timoniere, per tentare di portare la barca in acque libere, usando il motore e spostando i pesi. Se non si riesce, si deve tentare di sbandare la barca con il gommone, scegliendo però con cura il lato e la direzione più favorevole per uscire. Per sicurezza, l'uomo in acqua sarà dotato di fischietto e starà dalla parte opposta al tiro del gommone e a distanza di sicurezza. Quando abbiamo un uomo in acqua, questo deve essere sempre seguito da un membro dell'equipaggio, dotato di un fischietto per attirare l'attenzione del sub e di chi è al timone.
Finite le operazioni di disincaglio, controlliamo che non ci sia acqua in sentina, nella zona dei prigionieri della chiglia.

Su barche piccole e leggere

In questo caso c'è un'altra possibilità per abbattere l'albero, ed è importante, perche tali tipi di barche, raramente hanno un gommone a motore a disposizione. Si può far piegare la barca anche mettendo un peso notevole all'estremità del boma o facendo appendere uno dell'equipaggio.
Settanta chili a due metri dal centro barca sono sufficienti a far sbandare una barca di 26-27 piedi.
In estate basta farsi un bagno e appendersi ad un penzolo fissato all'estremità del boma.
Se non si può fare il bagno, dobbiamo appenderci al boma da bordo.
Serriamo bene la randa, agganciamo la drizza alla fine del boma in aiuto all'amantiglio, apriamo il boma fino ad appoggiarlo alle sartie e lo leghiamo in questa posizione. Motore in moto in retro. A questo punto ci si ag-

grappa con mani e piedi al boma e così appesi ci si sposta verso l'estremità. Per non cadere in mare ci si può assicurare con un'imbracatura sostenuta da una drizza.

Attenzione che non è facile e che in questa posizione si resiste poco e si deve tornare indietro.

Sicurezza: si consiglia di indossare un giubbetto salvagente, jeans, guanti e scarpe. Quando c'è la possibilità di cadere in acqua, ricordatevi sempre di abbassare la scaletta di poppa.

Ultima possibilità per ogni tipo d'incaglio.

Se nonostante tutti i tentativi non si riesce a disincagliare la barca, come ultima risorsa, possiamo organizzare una linea d'ancoraggio molto lunga con due ancore appennellate che porteremo fuori con un gommone, nella direzione che riterremo più favorevole. Per ragioni di peso e praticità useremo solo cime. Quindi mettiamo in forte tiro la linea d'ormeggio mediante uno, o due winch principali che lavorano in cascata. Poi con il gommone si abbatte l'albero e sì da motore a tutta manetta. Per evitare che la cima dell'ancora possa andare nell'elica useremo un salmone che la terrà bassa, dopo il disincaglio. In ogni caso appena disincagliati, fermeremo il motore e recupereremo le cime in acqua. Manovreremo molto lentamente con un occhio all'ecoscandaglio fino a, quando non saremo in acque più profonde.   Figura 16.3

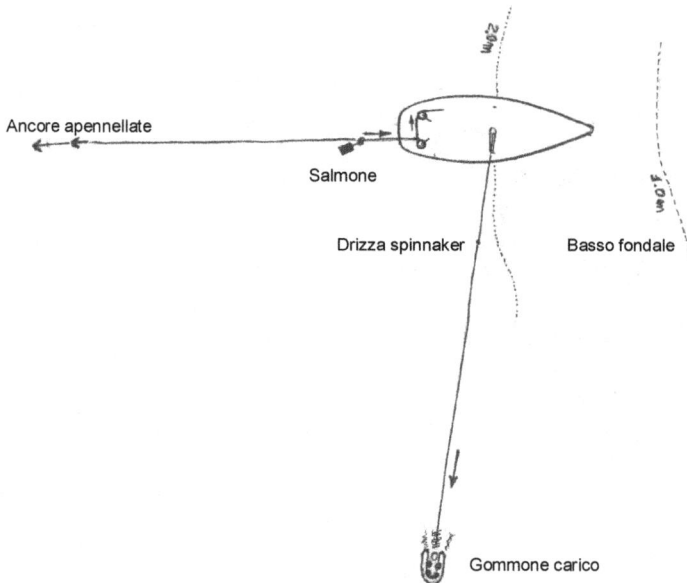

Fig. 16.3

Va sempre fatta una valutazione dell'incaglio, per poter decidere se insistere e in che modo. Si prenderà visione, della situazione sott'acqua, si consulteranno le tabelle di marea e si valuterà l'evoluzione della situazione meteorologica e le ore di luce a disposizione.

Tenete sempre presente che anche quando il tempo è bello, la marea sta montando e tutto sembra volgere per il meglio, c'e sempre il "diciassette metri" che vi passa a fianco in planata vi fa un'onda di un metro e mezzo che vi manda ancora più in secca o vi fa schiantare dove siete.

Pertanto occhi aperti. Tenete il gommone sempre pronto, a fare di tutto, per deviare o rallentare eventuali motoscafi. Attenzione: sarà un compito arduo e pericoloso. In questi casi, potete sparare un segnale con una pistola lanciarazzi. Può essere utile anche un avvisatore acustico, ma di quelli potenti.

CAPITOLO DICIASETTESIMO.

Sistemi di rimorchio.

Quando un'imbarcazione, ha il motore in avaria e non c'e vento, si cerca di risolvere il problema, ma se non ci sono risultati positivi è meglio chiedere di essere trainati in porto.

Rimorchio di poppa.

Il rimorchio classico è di poppa, con una cima lunga almeno tre volte la barca. Questa cima va dalla bitta di poppa del trainante, a quella di prua del trainato, dove saranno fatti due giri attorno alla bitta, senza fare il nodo, in modo da poter mollare velocemente ad ogni evenienza.
Circa a metà della cima di rimorchio possiamo fissare un parabordo per evidenziare il cavo.
Gli skipper delle due imbarcazioni, prima di iniziare il traino, definiranno un canale VHF libero al traffico, e terranno gli apparecchi accesi. Consigliamo inoltre di tenere sempre sottomano un avvisatore acustico. S'inizia la manovra di rimorchio dando motore al minimo per mettere in tensione la cima e far allineare la barca trainata. Poi si possono aumentare i giri ma lentamente, osservando il comportamento dell'imbarcazione trainata. Non si deve in nessun caso superare la "velocità critica" dell'imbarcazione trainata.
Ogni imbarcazione, ha una sua velocità critica, oltre la quale, cresce in modo esponenziale, la resistenza all'avanzamento. Tale resistenza può aumentare talmente da provocare la rottura del cavo o delle bitte. Il timone può diventare instabile, e nei casi estremi avremo il collasso dello scafo con conseguente affondamento della barca rimorchiata. Non conoscendo la velocità critica di una barca, possiamo in ogni modo vederne gli effetti: abbassamento della poppa e conseguente onda , innalzamento della prua. La velocità critica, è direttamente proporzionale alla radice quadrata della lunghezza al galleggiamento. Pertanto se si traina un'imbarcazione di lunghezza inferiore alla nostra, dobbiamo limitare la velocità. In ogni caso, si terrà il motore ad un numero di giri inferiore, a quelli usuali di crociera per evitare di forzarlo e si terrà d'occhio la temperatura dell'acqua di raffreddamento.
Questo tipo di rimorchio, data la distanza tra le imbarcazioni, è adatto per il mare aperto. Ricordiamoci che il trainato governa male in quanto   ha la prua obbligata e non può rallentare. Il rimorchiante, non può rallentare bruscamente, o inserire la marcia indietro in quanto rischia, di prendere il cavo nell'elica e di entrare in collisione con il rimorchiato.
Particolare attenzione quindi, nelle zone trafficate, dove è meglio liberare il rimorchiato e portarlo all'ormeggio a spinta con un gommone.

Molte volte la barca da trainare è già in difficoltà, in un basso fondale, o sta andando verso un pericolo, in tali casi va valutato da quale parte conviene prenderla a rimorchio, anche solo per tirarla poche decine di metri, fuori dei pasticci. Poi si provvederà ad un traino più razionale. Potremo prenderla a rimorchio: di poppa, di fianco, di prua. Non è importante, basta essere sicuri del fondale e avere una persona in grado di lanciare la cima e poi di farla scorrere in bitta intanto che ci si allontanerà dalla zona pericolosa, quindi s'inizierà a frenarla fino a, quando, il rimorchiato incomincerà, ad allinearsi e poi a muoversi.

In questa fase, va fatta molta attenzione, la cima deve essere perfettamente addugliata, distesa sul ponte. Si blocca in bitta con una sola "esse" e si trattiene o si fa scorrere ma con le mani e i piedi sempre a debita distanza.

Figura.17.1

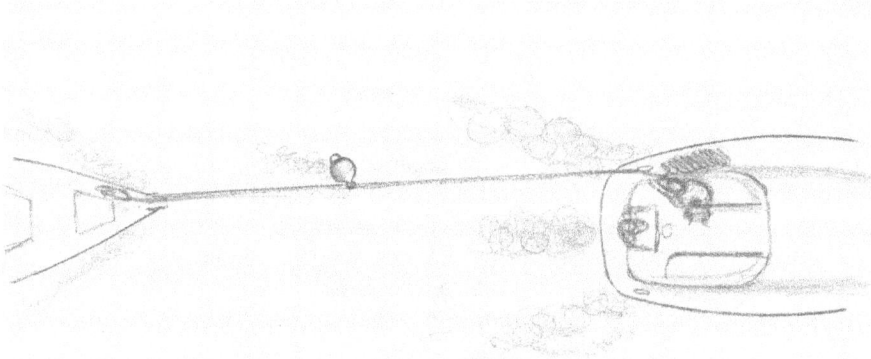

Rimorchio di fianco.

Questo tipo di rimorchio, non ha i difetti del precedente, ma non è adatto a zone dove possono esserci delle onde. Prima si sistemano i parabordi su entrambe le imbarcazioni; poi la barca rimorchiata è affiancata e trattenuta con due barbette e altrettanti Springs, uno dei quali, va tesato a ferro con un winch. Si prova per alcuni secondi, in marcia avanti e poi indietro, per controllare se tutto risponde correttamente.

Si terrà sempre presente, la resistenza del rimorchiato, la sua massa e l'ingombro complessivo.

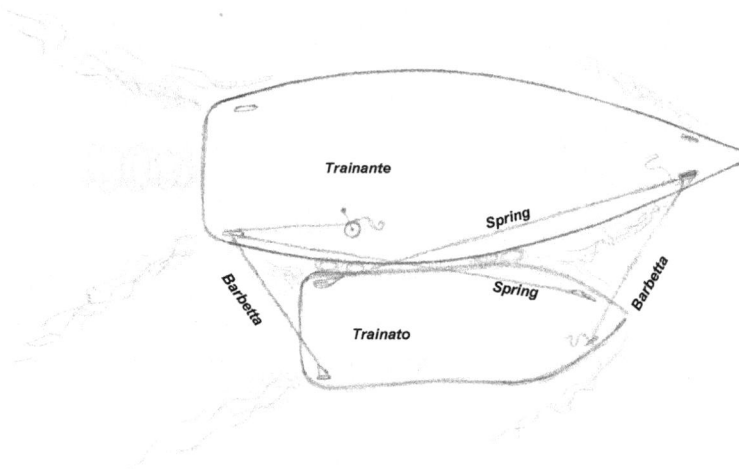

Fig. 17/2

Nel caso illustrato, sarà facile accostare a dritta, ma l'accostata a sinistra sarà molto lunga e ampia. Per accostare a sinistra, in spazi ristretti, converrà cambiare la prua, inserendo la marcia indietro, dare timone, far ruotare sul posto le due imbarcazioni oltre la nuova rotta di almeno una decina di gradi. L'imbarcazione trainata, con il suo abbrivio, creerà la coppia necessaria per far virare a sinistra l'insieme.

Con questo metodo di traino, non serve nessuno a Bordo del mezzo ri-

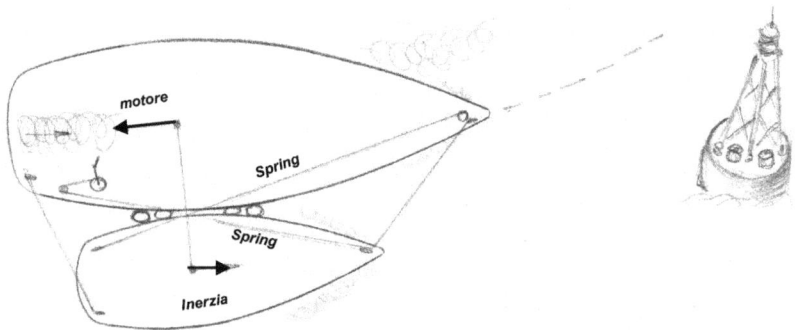

morchiato, il timone in questo caso sarà bloccato al centro.
Figura 17.3

Dobbiamo arrangiarci da soli.

Se non ci sono imbarcazioni disposte o adatte al rimorchio, ci si deve arrangiare. Se a bordo siamo almeno in due, si può usare il gommone per spingere da poppa. Lo skipper, rimane al timone e dà i comandi, Il marinaio va sul gommone e manovra in modo da spingere da dietro mantenendosi ortogonale alla poppa. Prima di iniziare, controlliamo se abbiamo carburante a sufficienza per arrivare al porto più vicino o eventuali ridossi alternativi. Va tenuto conto, delle ore di luce a disposizione. Non si deve forzare il fuoribordo, marciate al 70% dei giri, anche per limitare il consumo. Legando il gommone con una barbetta in corto, si può ottenere una ridotta forza frenante e una lentissima retromarcia. Il gommone è meglio che spinga, poiché dietro è protetto da eventuali onde e la barca essendo libera, è molto più manovriera. Inoltre il rimorchio è molto compatto. Figura 17.4

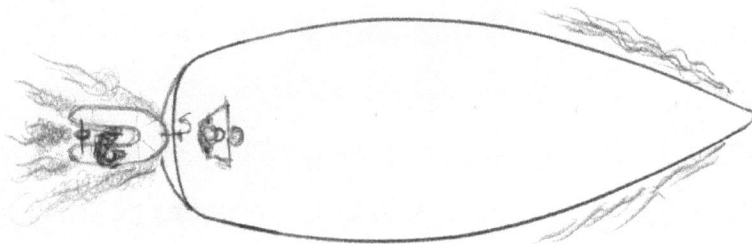

Se si è soli , si legherà il gommone con quattro cime ben tese alla poppa della barca,(vedi figura 17.5). Se c'è visuale sufficiente , si può governare dal gommone, bloccando il timone della barca. In caso contrario si manovrerà dalla barca stessa, bloccando il brandeggio,ed il comando del gas del fuoribordo. In porto per portare la barca all' ormeggio, conviene liberare il gommone, per avere così la possibilità di spingere da ogni direzione e in qualunque punto dello scafo, per farla evoluire anche in spazi ristretti.

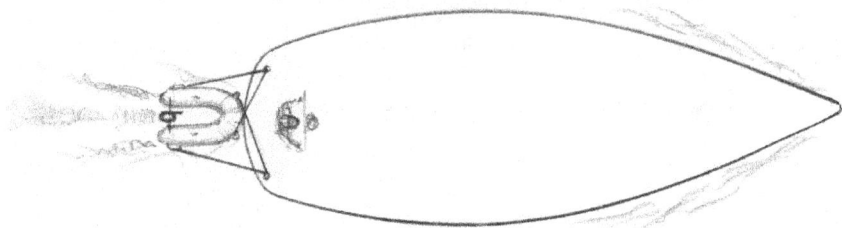

Fig. 17.5

CAPITOLO DICIOTTESIMO.

Manovre con poco o niente equipaggio.

Mollare gli ormeggi con poppa a terra e prua su corpo morto.

Volendo lasciare l'ormeggio con vento di poppa, dritto di prua o assente, non ci sono problemi. Vediamo invece il caso più difficile: il vento di fianco. Dopo aver riscaldato il motore, si recupera la cima di poppa di sottovento che è in bando e quindi non serve a nulla. Si controlla che non ci siano cime in acqua, Si da marcia avanti e progressivamente gas, fino a, quando, la barca inizia a raddrizzarsi e a scostarsi da quella sottovento.
 A questo punto la situazione è stabile. La spinta dell'elica agisce sulla leva "A + B" e contrasta la forza del vento.   Figura 18.1

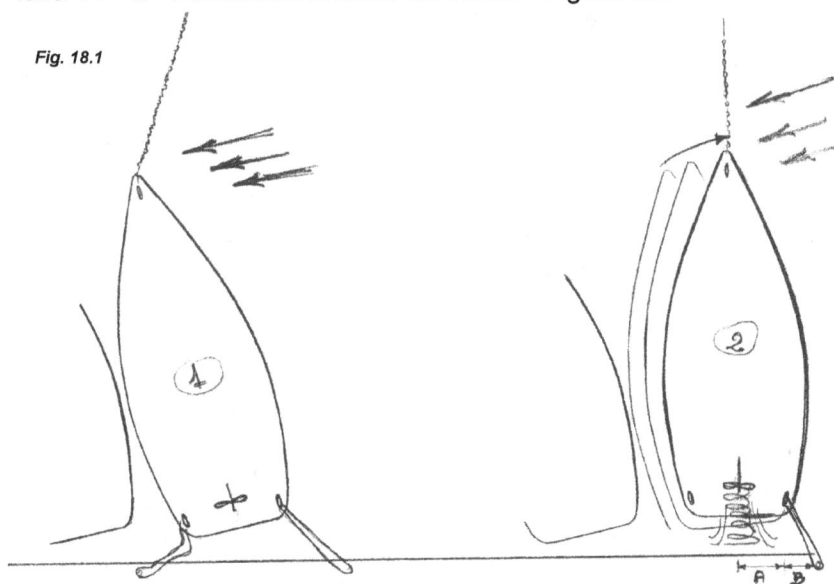

Fig. 18.1

Allaschiamo parzialmente la cima del corpo morto, per controllare che la prua, sotto raffica, non scada troppo, aumenteremo i giri del motore se necessario. A questo punto potremo buttare in acqua la cima di prua e rimarremo stabili.
La lunghezza di "A" è fissa e dipende dalla forma della poppa; su un 12 metri moderno, è di circa 1,5 m, mentre "B" diminuisce man mano che aumenta l'azione del motore o diminuisce la forza del vento.
Prima di mollare l'ormeggio a poppa faremo attenzione a evitare le raffiche di vento e controlleremo che non ci siano altre barche in manovra. Quindi allaschiamo la cima di poppa lasciandola scorrere libera fuori bor-

do, man mano che la barca si allontana dal molo; la recupereremo, quando saremo in acque libere. Uscendo dall'ormeggio, occhio a non battere la poppa, correggiamo eventualmente con il timone.
 Figura 18.2
La manovra deve essere fatta in velocità fino a, quando non sarà superata la prua della barca di sottovento. Rallentando la barca scadrebbe velocemente. In ogni caso si deve dare la quantità di gas minima necessaria per stare in riga e uscire dall'ormeggio, va sempre tenuto conto che la cima di poppa potrebbe impigliarsi.

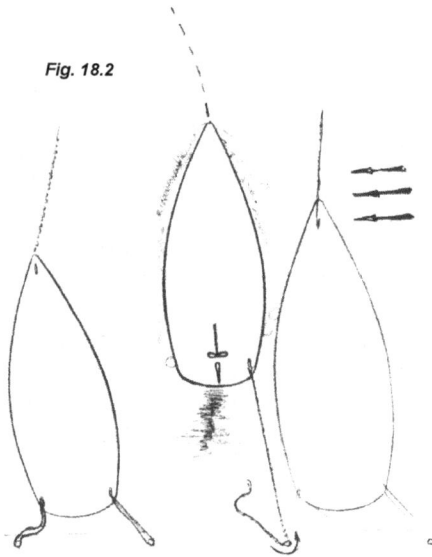

Fig. 18.2

 Naturalmente, prima di fare questo tipo di manovra, controlleremo che la cima di poppa, sia correttamente addugliata e possa filare libera e assolutamente distante da mani e piedi. Prima di iniziare la manovra, controlleremo anche la bitta o l'anello sul molo, la cima dovrà poter scorrere senza intoppi.
Nel caso la cima sia sormontata da altre; dovremo, sistemarla , passandola sotto tutte le altre. Figura 18.3
 La cima d'ormeggio naturalmente non deve avere nodi o giunte o

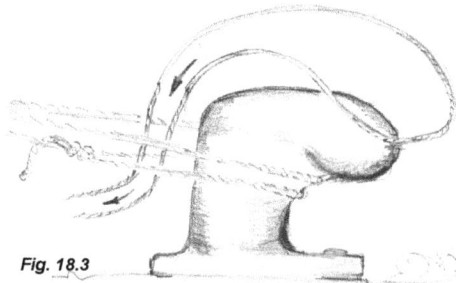

Fig. 18.3

l'occhio alla fine, la sua lunghezza non deve superare 1.3 volte la lunghezza della barca e deve essere del tipo ritorto a tre trefoli.
L'occhio della cima, sarà sempre in barca sulla bitta di poppa, senza altri nodi sovrapposti. L'altro capo, sarà trattenuto con una "esse" sulla stessa bitta. Quando siamo ben scostati molliamo la "esse" dalla bitta e lasciamo la cima libera di scorrere, Teniamo distanti mani e piedi dalla "biscia" che corre. La barca è immediatamente governabile, in quanto, l'acqua mossa dall'elica, è un po' che scorre lungo il timone. La corretta lunghezza della cima d'ormeggio è un fattore di sicurezza importante, se è eccessiva, si può impigliare o aggrovigliare. Tenete assolutamente fuori della zona di manovra bambini ed animali.

Mollare gli ormeggi, con poppa a terra e ancora di prua.

Manovra molto simile alla precedente, con alcune varianti. Controlliamo che la frizione del salpa ancore sia ben stretta, Se abbiamo un gommone in acqua, controlliamo che sia legato in corto, al pulpito di prua, dal lato sopravento e che la sua barbetta non interferisca con la catena dell'ancora. Proviamo il salpa ancore, con il comando dal pozzetto.

Se usualmente la catena tende a formare un cono nel gavone dell'ancora, spianiamolo, prima di iniziare la manovra.

I controlli da fare e l'inizio della manovra, sono identici al caso precedente. Sì da motore e s'inizia a recuperare la catena dell'ancora con il comando dal pozzetto. Quando l'azione del motore spinge la barca sopravento, si lasca la cima di poppa, sì da ancora gas fino a quando si può scapolare la catena della barca sottovento. A questo punto siamo liberi da ostacoli, fermiamo la barca e lasciamo che si metta al vento, la resistenza è ridotta e siamo in una posizione stabile. Figura 18.4

Recuperiamo la cima di poppa e portiamo dietro il gommone. Du-

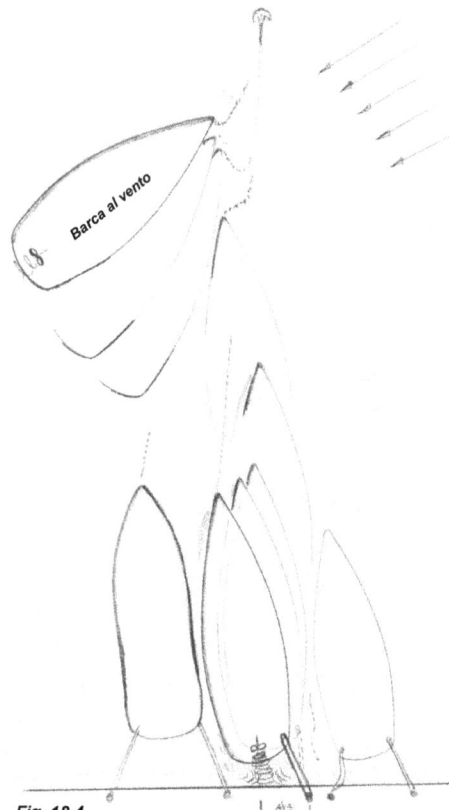

Barca al vento

Fig. 18.4

rante queste operazioni, diamo sempre un occhio alla nostra posizione. Ricordiamoci, che siamo "in corto" sull'ancora e quindi potrebbe anche mollare. In caso di vento forte, conviene tenere la marcia avanti, e regolare il gas, in modo da alleggerire il tiro sull'ancora, possiamo controllare l'effetto osservando la tensione della catena. Quando tutto è in ordine, si salpa l'ancora.

Nel caso si sia ormeggiati con una cima al posto della catena, se si ha equipaggio si mette uno a prua a recuperare velocemente la cima, ma se si è in solitario, bisogna cambiare tattica. Dobbiamo preparare un salmone con tre metri di sagola che facciamo scorrere, ma agganciato con un moschettone in modo da rimanere in ogni caso attaccato alla cima dell'ancora. Con la barca in movimento, il salmone terrà la cima bassa, fuori della portata dell'elica, e la trascinerà sul fondo. Vi è sempre il rischio che la cima si impigli in qualche ancora o rottame sul fondo, mettendo improvvisamente la cima in tiro. Usciamo pertanto dritti per evitare le ancore e fermiamoci appena possibile per ridurre questo rischio.

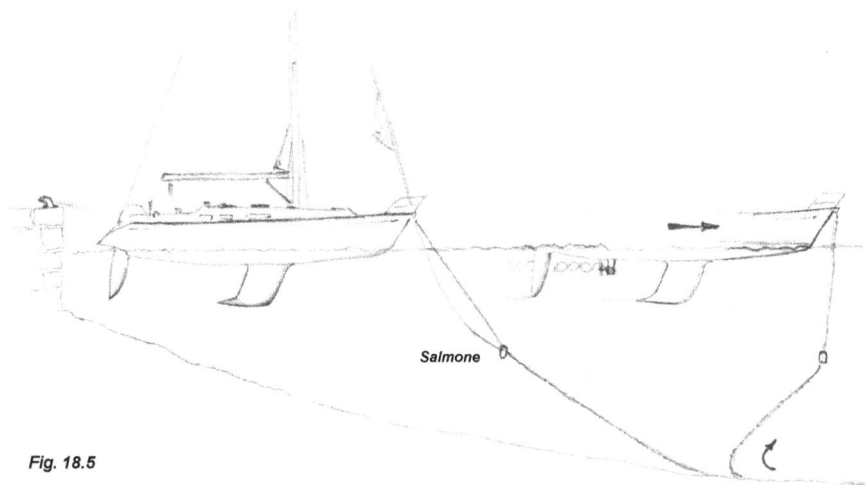

Salmone

Fig. 18.5

Figura: 18.5
Come concetto generale, non dobbiamo mai mollare gli ormeggi, prima di aver messo ordine in pozzetto e coperta. La barca deve essere sempre in perfetto assetto, con tutto pronto e in chiaro, per poter eseguire qualunque tipo di manovra. Teniamo inoltre presente che, anche quando il mare è liscio, esistono onde improvvise, provocate dalle altre imbarcazioni, perciò anche sottocoperta, tutto deve essere riposto in posizione sicura.

Mollare gli ormeggi, con poppa a terra e due ancore afforcate a prua.
Quando siamo ormeggiati con ancore affocate, non si può uscire dall'ormeggio, senza avere qualcuno che ci recupera la cima dell'ancora di rispetto. Da soli possiamo fare l'operazione solo con un gommone. Arrivati sulla verticale dell'ancora, se come capita spesso abbiamo difficoltà a spedarla, in quanto non possiamo fare grandi sforzi stando su un gommone, legheremo un gavitello o un parabordo alla cima, lasciando tre metri di lasco. Questo lasco agevolerà il recupero.
Ritorniamo in barca, filiamo per occhio la cima dell'ancora di rispetto, la adugliamo con cura, e la buttiamo in acqua. Così facendo, siamo sicuri che andrà sul fondo e sarà più veloce il recupero. Resa libera la barca da un' ancora, si esegue la manovra come già visto al paragrafo precedente.

Finita la manovra, ritorneremo a recuperare parabordo, cima e seconda ancora. Riusciremo a spedare facilmente da prua, bloccando la cima in corto e aiutandoci con un colpo di motore. Figura: 18.6

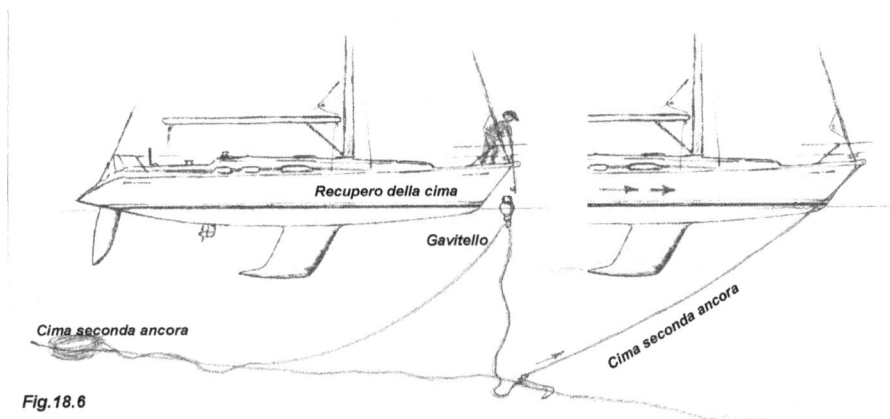

Recupero della cima

Gavitello

Cima seconda ancora

Cima seconda ancora

Fig.18.6

Esiste anche un'altra possibilità e in tal caso non servono gommoni. Si fila per occhio, la cima della seconda ancora e si porta a poppa il capo passandolo esternamente a tutte le attrezzature . Si lega un salmone sulla cima, con un nodo che impedisca lo scorrimento. Si filano altri due metri e si dà volta sulla bitta di poppa. A questo punto, tutta la cima è sul fondo e il salmone impedisce che vada nell'elica.

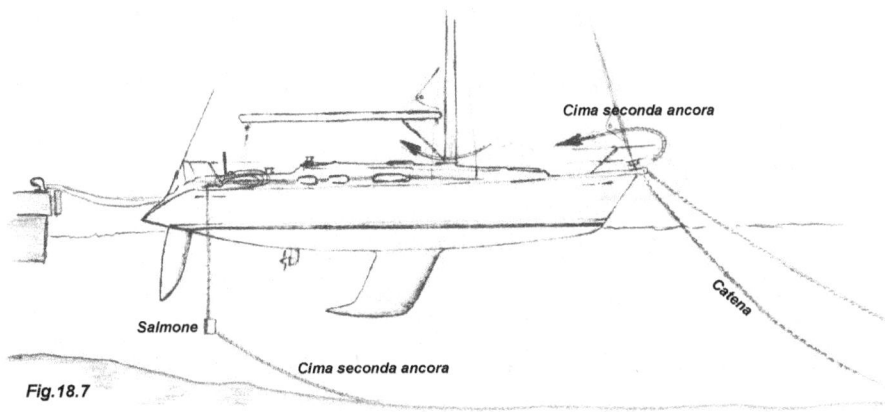

Cima seconda ancora

Catena

Salmone

Cima seconda ancora

Fig.18.7

La barca uscendo, si tirerà dietro la cima dell'ancora, trascinandola sul fondo. La cima essendo fissata a poppa anche se dovesse andare in tensione non interferirà in nessun caso con l'elica. In presenza di fondo roccioso, non adottate questo sistema, la cima s'impiglierebbe, bloccando la barca in manovra.   Figura18.7

CAPITOLO DICIANNOVESIMO.

GOMMONE O BARCHINO DÌ SERVIZIO.

Abbiamo già visto, nei capitoli precedenti,che è sempre opportuno avere un gommone o un barchino di servizio, non solo per scendere a terra, ma anche per risolvere molte situazioni.

Pregi e difetti dei vari tipi di gommone

A parer mio non ci sono dubbi, riguardo al tipo di costruzione, il gommone con chiglia gonfiabile e carena in tela, è molto pratico, e ha i seguenti vantaggi:
1. Leggerezza: "Un due metri e sessanta"con pagliolo gonfiabile porta tre persone e pesa solo 29 Kg.
2. Non rovina la barca.
3. Non ha bisogno di parabordi.
4. Si può alare con facilità.
5. Si può sgonfiare e riporre facilmente.
6. Ha un'ottima stabilità.
7. Pieno d'acqua mantiene una buona galleggiabilità.
8. In rapporto alle dimensioni e al costo ha una notevole capacità di carico.
9. Ha buone doti marine e di velocità.

Ha i seguenti difetti:
• Fondo delicato: è facile tagliarlo o forarlo.
• Durata limitata, ma adeguata al costo.

Esaminiamo ora, le caratteristiche dello stesso modello, a carena in vetroresina:

1. Non ha bisogno di parabordi.
2. Si può alare
3. Si può sgonfiare, ma la parte rigida è molto ingombrante e non può essere riposta.
4. Pieno d'acqua mantiene una buona galleggiabilità.
5. Ha un'ottima stabilità.
6. Ha una notevole capacità di carico.
7. Ha un fondo molto resistente, quindi meno vulnerabile.
8. Ha ottime doti marine e di velocità

Ha i seguenti difetti:

- Non si può poggiare ovunque, ma va posto solo sul suo invaso,che costa, pesa, ingombra.
- Maggior peso (circa 30% in più.)
- Maggior costo (circa 30%in più.)
- Durata limitata.
- Ritengo quindi che il gommone a chiglia gonfiabile è sicuramente adatto alle barche a vela , mentre quello a chiglia in vetroresina è adottabile dai motoscafi medi e grossi,dotati di plancia di poppa, su cui disporre un'invasatura e dotati di passerella idraulica, che serve anche per l'alaggio del gommone con tutto il motore.

Per migliorare la durata dei gommoni, consigliamo di tenerli sempre gonfi e sopratutto di ripararli dai raggi solari.

Un buon gommone deve essere dotato a prua di due robusti anelli esterni oltre a quello classico centrale. Inoltre all'interno dovrà avere due golfari verso prua e altrettanti sullo specchio di poppa. Questi anelli torneranno molto utili, per il rimorchio, l'alaggio ed anche per sospendere il gommone al soffitto della rimessa, d'inverno.

Il pagliolo:

Determina le caratteristiche di un gommone.
Pagliolo ad assicelle di legno:
Vantaggi:
Più leggero rispetto a quello a pannelli rigidi.
Rende il gommone velocemente sgonfiabile ed arrotolabile.
Costo inferiore.
Svantaggi:
Impossibile far planare il gommone.
Senza sentina; avremo i piedi sempre bagnati.
Un senso reale d'insicurezza quando ci si deve alzare in piedi, le assicelle si piegano sotto il nostro peso.
Le assicelle di legno si rompono facilmente.
Non esiste nessuna struttura longitudinale che dia rigidità al gommone.
Non esistendo una chiglia, il fondo è piatto.
Un gommone che si sgonfia e si arrotola, dura molto di meno di uno lasciato sempre gonfio.

Questo tipo è pertanto adatto ad imbarcazioni fino ad otto metri o a quelle in cui è difficile trovare un posto dove poter sistemare il gommone.

Il pagliolo classico in compensato o in alluminio ha i seguenti vantaggi:
1. Il gommone può planare.

2.　Si monta in 30 min. che si possono ridurre, se si possiede un piccolo compressore elettrico a 12 volt.
3.　I piedi restano sempre asciutti.
4.　Il pagliolo è molto robusto e stabile.
5.　Il pagliolo da rigidità a tutto il gommone.

Svantaggi:
•　Maggior peso
•　Maggior costo
•　Montaggio e smontaggio più laboriosi

Esistono anche i paglioli pneumatici gonfiati ad alta pressione.
Vantaggi:
1.　simili a quelli del pagliolo in legno ma pesa 7 Kg in meno.
2.　Molto morbido, attutisce urti e cadute.
3.　Gran facilità di montaggio e smontaggio.

Svantaggi:

•　Maggiore costo rispetto al compensato.
•　Rigidità leggermente inferiore.
•　Delicato si può forare.

Operazioni da farsi prima di acquistare un gommone:

Definiamo innanzi tutto, il numero di persone che il Tender deve portare. Prendiamo le misure tra le sartie basse di prua e facciamo uno schizzo quotato della prua, con la posizione di boccaporti, salpancora e gavoni. Verifichiamo l'esistenza e robustezza della tavoletta su cui fissare il fuoribordo, in genere sul pulpito di poppa. Con questi dati possiamo andare in negozio a scegliere.
Per ciò che riguarda il motore, tenete presente che il gommone non serve solo per portare due o più persone, da una barca alla ruota fino a terra; ma può servire per rimorchiare, per il trasporto di ancore, oltre che naturalmente, per poter andare fuori dal porto a fare il bagno, infine è un mezzo per portare provviste, taniche d'acqua e nafta. Va quindi dotato di un motore adeguato. Tenete anche presente la vostra fisicità; il fuoribordo deve essere sollevato dal gommone fino al pulpito di poppa. Valutate la possibilità di installare un braccio brandeggiabile, con un paranco, per sollevare il motore. Non rinunciate ad un motore, in grado di far planare il gommone con almeno due persone a bordo. Tenete presente che un gommone ben motorizzato, risolve molte situazioni, non ultima quella di portare velocemente un infortunato al pronto soccorso.

Per il tipo di motore, io non ho dubbi: i due tempi consumano di più, sono più rumorosi, tengono male il minimo e sono puzzolenti e inquinano.
In compenso rispetto ai quattro tempi, sono più leggeri del 20%, meno costosi e non c'è olio da cambiare. Quando il signor Evinrude ha inventato il fuoribordo, c'erano già i motori a due, a quattro tempi e i diesel. Da allora per più di cinquant'anni i fuoribordo sono stati soltanto a due tempi per motivi di peso, semplicità costruttiva e ridotti costi di manutenzione.
Oggi comunque per motivi di inquinamento si producono quasi esclusivamente motori a quattro tempi.

Come attrezzare un gommone.

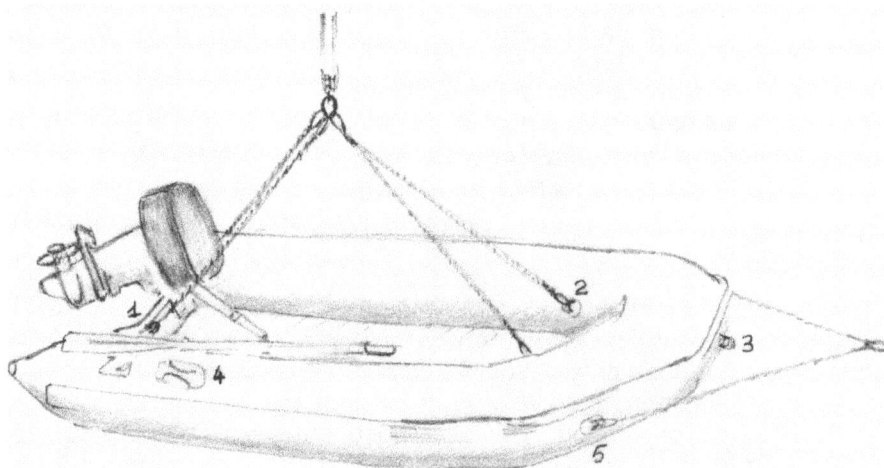

Fig 19.1

Verifichiamo che il gommone che possediamo o che stiamo comprando, sia già dotato delle attrezzature indispensabili. Verifichiamo maniglie e golfari.
1.   Due fori sullo specchio di poppa o due golfari.
2.   Due golfari in inox, a prua all'interno dei tubolari, o uno unico a pagliolo.
3.   Un maniglione a prua
4.   Almeno due maniglie esterne sui tubolari.
5.   A prua ci devono essere due golfari esterni in inox robusti, che servono per il traino e per l'alaggio di prua in verticale.
Non acquistate un modello economico, pensando che i golfari non servono, o che potremo aggiungerli dopo, qualunque tipo di modifica ci costerà molto di più che acquistare un modello già completo.
Con della sagola da 14 mm a tre legnoli, costruiamo una " V " a poppa e

una a prua, sui golfari interni, per l'alaggio in assetto orizzontale e con una cima di colore diverso, sui golfari esterni di prua, per il traino e l'alaggio in assetto verticale appeso allo strallo di poppa. Questi accessori, vanno collegati al gommone con impiombature fisse, dopo aver eseguito per prova almeno un paio di sollevamenti. In questo modo tali imbracature, non potranno essere perse e rimarranno al loro posto per tutta la vita del gommone. Sconsigliamo l'uso di moschettoni o gambetti in quanto sbattendo, consumano la tela del gommone.

Come e dove sistemare il gommone.

1. ***Trainato a poppa***
2. ***Disteso in coperta a prua.***
3. ***Disteso sulla tuga.***
4. ***Sospeso allo strallo di poppa.***
5. ***Sospeso su grette a poppa.***
6. ***Disteso su una plancia a poppa.***
7. ***Infilato in una rimessa a poppa***.

1. Trainato a poppa.

Il rimorchio è apparentemente una soluzione molto semplice, ma come tutte le imbarcazioni, anche il gommone ha una sua velocità critica. Prendendo come riferimento gommoni con lunghezza tra 2.6 e 3.0 metri, quelli a fondo piatto senza chiglia, vanno in crisi già a velocità di 2-3 nodi, quelli dotati di chiglia sopportano velocità di 3-4 nodi. Per rendersi conto degli sforzi, cui è sottoposto tutto il sistema, basta prendere in mano il cavo di traino e tirare. Riducendo poi la velocità sotto i due nodi e riprovando, vi accorgerete della differenza. Trainare un gommone, andando a vela, vuol dire penalizzare di molto le prestazioni. Trainarlo a motore significa forzare il propulsore inutilmente. Con mare mosso se il gommone imbarca acqua, la cima di traino si spezza, o peggio, il tessuto si strappa nella zona dei golfari. In tali condizioni diventa molto difficile il recupero. Questo tipo di traino è consigliabile, soltanto a bassa velocità, per brevi tratti e in assenza di moto ondoso.
Vantaggi: è pronto per ogni evenienza.

2. Disteso in coperta a prua.

Questa soluzione è valida, se con il gommone disteso e rovesciato, rimangono gli spazi per operare e se si possono aprire almeno parzialmente gli osteriggi, ed il gavone dell'ancora.
Su alcune barche a vela, la presenza dello stralletto di prua, può rendere impossibile tale soluzione.
Vantaggi: Nessuna resistenza in acqua, ridotta presa al vento, tiene fresca

la cabina di prua.

Svantaggi: Non è pronto per ogni evenienza, può dare problemi con mare grosso di prua, toglie visibilità, riduce il rendimento del fiocco.

Su imbarcazioni di medie dimensioni, si può alare completo di motore, con il tangone o meglio con un corto braccio, sostenuto dalla drizza dello spinnaker. Per il sollevamento conviene usare un paranco a 6 vie, armato direttamente sul tangone. Se non ci sono eccessivi attriti, si può alare direttamente con il winch della drizza dello spinnaker, direttamente senza l'uso del braccio.

Quando lo sistemate in coperta, si raccomanda di mettere i coni di poppa tra le sartie basse e di rizzare bene con due cinghie e verificare che la scotta nelle virate, scivoli via senza agganciarsi sul gommone. Di queste, cinghie, quelle verso prua in genere intralciano il passaggio, meglio metterle di colore arancio.

In questa posizione è facile coprire il gommone con un telo protettivo.

3. Disteso sulla tuga:

In questa posizione ci sono problemi di visuale ed anche d'interferenza

Fig. 19.2

con la ritenuta del boma e con le cime di comando. Porta via luce ed aria ai boccaporti e fa molta presa al vento.

4. Sospeso sullo strallo di poppa.

Questa soluzione è possibile sulle barche a vela con poppa larga.

Vantaggi: facilità e velocità d'alaggio e varo, si blocca con una sola cinghia, protegge il pozzetto dal sole. La barca è completamente sgombra.

Svantaggi: non è pronto per ogni evenienza, toglie visibilità in poppa, va sempre tolto all'arrivo in porto e poi va rimesso a poppa ad ogni partenza.

Per adottare questo sistema, si deve preparare un aggancio sullo strallo di poppa e armare un paranco a quattro vie, con pulegge su cuscinetti a sfere e strozzascotte. Il gommone deve avere esternamente di prua, due robusti golfari in inox con impiombata una cima a " v "

Una volta alato, si deve rizzarlo al pulpito di poppa con una cinghia munita di fibbia a sgancio rapido.

Fig.19.3

Entrando in porto, ci si deve fermare per calarlo in acqua. Va poi tirato fino a prua, dove deve essere legato al pulpito, con la sola barbetta. Cosi fa-

cendo si può manovrare a marcia indietro anche sfiorando le altre barche, perché il gommone si allinea nella scia della barca madre.

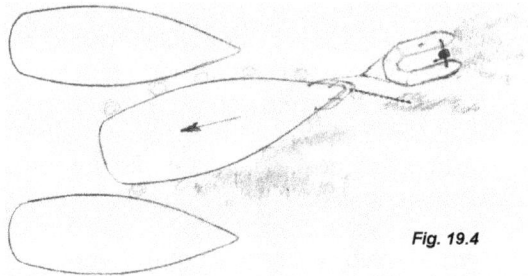

Fig. 19.4

Il gommone, rimane poi in prua. Alla partenza si esce con il gommone legato a prua, poi in una zona d'acque libere si sposta dietro e si ala. Su barche moderne, con poppa larga, si può sospendere, il gommone in orizzontale, mediante una cima a v impiombata a prua sul golfare esterno e a poppa sulla maniglia. Questo sistema, migliora di molto la visibilità di dietro e diminuisce la presa al vento. Se si usa un motore fuoribordo di potenza e quindi peso ridotti, si può disporre il gommone in orizzontale con tutto il motore. Appoggiato allo

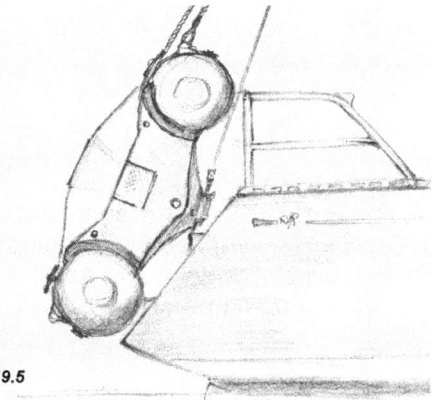

Fig. 19.5

specchio di poppa, si evita di mettere e togliere il motore ad ogni arrivo ed ogni partenza. In tal caso ci si aggancia allo specchio del gommone o al fuoribordo in modo da scaricarne il peso per non forzare sulla tela.

5. Sospeso su piccole gru a poppa

.

Nelle marine, ormeggiando di poppa, la presenza di gru e gommone, comporta un notevole allungamento della passerella. In caso di maltempo, le piccole gru sono esposte

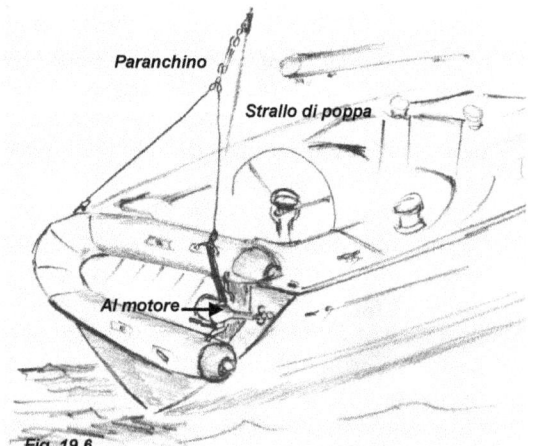

Paranchino

Strallo di poppa

Al motore

Fig. 19.6

ad urti specialmente contro i moli alti. Il baricentro alto di questo carico sospeso non aiuta certo in navigazione. La presenza delle gru inoltre, aumenta la lunghezza fuori tutto dell'imbarcazione, con conseguente aumento dei costi d'ormeggio.

Entrando in porto il gommone va messo in acqua e spostato a prua altrimenti rimarrà a poppa inutilizzabile. In ogni caso, dovrà essere abbassato, per poter usare la passerella.

Tutte queste problematiche spariscono nel caso di grandi catamarani perché, la passerella è su uno degli scafi laterali mentre il gommone è appeso alle gru sul ponte centrale, che è arretrato rispetto alle poppe sugli scafi. Rimane così libero e utilizzabile, basta alarlo in acqua e passare sotto il catamarano.

Fig. 19.5

6. Disteso su una plancia a poppa.

Questo sistema è certamente pratico, se si ha una passerella idraulica che funge anche da gru per gli alaggi.

Vantaggi: la passerella/gru scompare, baricentro basso, si possono usare delle selle, non ci sono carichi sospesi, maggior sicurezza.

Svantaggi: si può usare solo su imbarcazioni con plance di poppa di dimensioni adeguate, costo e peso notevole.

7. Infilato in una rimessa a poppa.

Le imbarcazioni medie e grandi, oggi sono dotate di portelloni di poppa a

Fig. 19.6

pelo d'acqua, in modo che il gommone s'infila di misura e poi viene alato da un verricello elettrico su uno scivolo con rulli.

Questa soluzione ha lo svantaggio di ridurre l'abitabilità interna. Vi è pertanto la necessità di trovare gommoni e motori meno ingombranti soprattutto in altezza. Basta adottare un motore idrogetto entrobordo al posto del fuoribordo che le dimensioni in altezza si dimezzano. I costi però aumentano sia

Fig. 19.7

in fase d'acquisto, sia per la manutenzione. Questa soluzione ha in ogni modo il vantaggio di risolvere i problemi di rimessaggio invernale e di proteggere il gommone anche durante la stagione estiva aumentandone la durata.

CAPITOLO VENTESIMO

Il comando:

Argomento difficile, complesso e controverso. Pochi hanno affrontato questo tema. In genere ci si rifà alla tradizione della marina militare o a quella mercantile, in quanto i compiti e i comportamenti sono già codificati e collaudati da secoli di storia della navigazione. In altri casi, ci si rifà alla tradizione marinara che esiste nell'ambito delle regate a vela.

Secondo me, nessuna di queste tradizioni è applicabile ad una barca da crociera che ha com'equipaggio, un nucleo famigliare o un gruppo d'amici.

Gli scopi, ed il modo di navigare sono totalmente diversi da quelli di una nave da guerra o di un'imbarcazione impegnata in una regata. Completamente diverso è il mezzo, la composizione e preparazione dell'equipaggio.

In un'imbarcazione con equipaggio famigliare o d'amici, non si può giocare a fare il comandante, nessuno ci prenderebbe sul serio. Il carisma va conquistato sul campo, dimostrando di saper prendere le decisioni corrette al momento giusto.

Come prima cosa, chi ha il comando, deve avere sempre in mente la sicurezza, la buona salute dell'equipaggio e la salvaguardia del capitale, rappresentato dalla propria o altrui imbarcazione.

Per poter comandare, bisogna conoscere perfettamente la barca e le manovre, ma bisogna conoscere altrettanto bene il proprio equipaggio, sapere come reagisce nei momenti difficili o sotto stress. Molto spesso a bordo, si creano delle situazioni di nervosismo; a questo contribuiscono: lo iodio presente nell'aria salmastra, la stanchezza, l'insicurezza e la paura. Il capo in grado di percepire in anticipo queste situazioni, prima che si verifichino, è già vincente.

Chi ha il comando, non si deve occupare solo della navigazione o delle manovre, ma si deve preoccupare anche che nessuno prenda troppo sole, che ci si vesta quando rinfresca, che si mangi in modo regolare, che ci si riposi.

Normalmente un equipaggio va in: "Tilt" quando è il momento di ancorare. Lo skipper dà i comandi, ma l'ancora non va giù; è un fatto abbastanza comune, ci sono un mucchio d'intoppi anche sulle barche migliori. Chi è al timone, è molto distante dalla prua e in genere ha la visuale coperta proprio da chi sta trafficando davanti.

L'equipaggio in genere ha poca famigliarità con i salpancora, con le catene incattivite, con i musoni incastrati, con le ancore rizzate in modo astruso. Quando accadono questi inconvenienti (discorso che vale per ogni tipo di manovra), il comandante deve saper rinunciare. Porterà la barca in una zona libera e sicura e andrà a prua per cercare di capire e risolvere l'intoppo; solo così potrà rendersi conto se il problema è banale o se sarà necessario modificare qualcosa.

Quando saranno risolti i problemi e l'equipaggio, debitamente istruito, si sarà rasserenato, si ritenterà la manovra.

Non si può in nessun caso, inveire contro l'equipaggio. Se qualcosa non va, è sempre causa del capo; ciò vale sia per i problemi meccanici, sia per quelli dovuti a scarsa esperienza. Nel primo caso, andavano fatte delle modifiche o della manutenzione, nel secondo si doveva istruire meglio l'equipaggio.

Quando un colpo di vento non prevedibile o un impiccio casuale, mette in difficoltà tutti e rende la manovra più lunga e complessa, nessuno si deve arrabbiare; anzi è esperienza acquisita e se non ci sono stati danni, brindiamo alla buona sorte, sarà un momento di distensione adatto ad analizzare l'accaduto, in modo da evitare che si ripeta.

Lo skipper deve assegnare dei compiti ad ogni membro dell'equipaggio:
- Manovra all'ancora: solo ad esperti e maggiorenni.
- Manovra delle vele: ad esperti e robusti.
- Sistemazione parabordi e cime d'ormeggio: ai ragazzini.
- Pulizia coperta e ordine: ai ragazzini.
- Cucina e cambusa: ad un appassionato.
- Motore, strumenti, impiantistica: Skipper o esperto.

Se si è solo in due, ad esempio marito e moglie o due amici, le cose cambiano e in questo caso ci si deve arrangiare con un saggio equilibrio.

Quando le condizioni saranno favorevoli si cercherà di far provare anche all'altro membro dell'equipaggio i vari ruoli, in modo da essere entrambi in grado di sostituirsi.

Questa rotazione dei ruoli andrà ripetuta nel tempo, perché si apprende presto, ma altrettanto velocemente si perde la mano.

Non si devono intraprendere navigazioni troppo lunghe, specialmente se le condizioni del mare non sono delle migliori.

Al contrario conviene fare miglia quando le condizioni di mare e vento sono favorevoli.

Se l'equipaggio da segni di stanchezza cerchiamo un ridosso e facciamoci un bagno o pranziamo.

Come dare un ordine:

Chiariamo innanzi tutto, che la prerogativa di dare degli ordini spetta a chi in quel momento ha il comando dell'imbarcazione; l'equipaggio deve eseguirli, ma ha anche il diritto e il dovere di far presenti eventuali problemi o difficoltà.

Su un'imbarcazione in navigazione, spesso il rumore del motore o del vento e la distanza, possono rendere difficile la comprensione di un ordine; chi lo riceve deve o ripeterlo o semplicemente fare un cenno d'assenso. Su imbarcazioni con equipaggio affiatato, ci si scambiano informazioni e ordini, semplicemente con dei gesti delle mani e del capo. Ciò è possibile, quando tutti conoscono la manovra, sanno cosa fare e attendono solo l'ordine.

Quando un ordine è stato portato a termine, si deve dichiararlo allo skipper.

Chi dà l'ordine, deve non solo decidere ma soprattutto, valutare la fattibilità; e cioè se chi lo riceve avrà: la capacità, la forza e talvolta il coraggio per poterlo eseguire. Se la fattibilità è dubbia, è meglio chiedere al marinaio: " ce la fai a..." se la risposta è negativa si potrà cambiare tattica. Sarà sempre meglio rinunciare,o attendere un momento più favorevole,piuttosto che iniziare una manovra e poi non riuscire a completarla. In altri casi sarà d'incoraggiamento, ricordare come va fatta l'operazione o suggerire un modo operativo più sicuro; parlare del problema in genere aiuta.

Un bravo comandante, deve avere l'occhio clinico del medico e dello psicologo, deve capire, che freddo, fame e stanchezza possono giocare brutti scherzi e che le persone non in perfette condizioni psicofisiche, possono perdere gran parte delle loro capacità, con un aumento del rischio d'incidenti. Nel limite del possibile, bisogna prevenire queste situazioni e qui sta la capacità di un buon comandante.

Lo skipper, dovrebbe tenere al corrente l'equipaggio di tutte le problematiche. Deve informare, per motivi di sicurezza, soprattutto chi non è in coperta, in tutti i casi in cui prevede dei cambi d'assetto. Si deve quindi gridare la manovra, in caso di virata, strambata, o d'onde isolate.

Si deve spiegare, il tipo d'attracco o d'ormeggio che s'intende fare, con molto anticipo, scendendo nei particolari man mano che ci si avvicina al punto; avremo così tutto il tempo per ascoltare e valutare eventuali lamentele o pareri discordi, e si potrà ancora modificare la manovra.

Si deve ascoltare l'equipaggio, se le osservazioni sono corrette accettiamole e complimentiamoci, se sono sbagliate è l'occasione per spiegare e quindi migliorare le conoscenze del nostro staff. Va ricordato, che la decisione finale spetta allo skipper, e che va comunque accettata e rispettata. Il mare in genere non aspetta e non ce quindi tempo per i battibecchi.

Se il comandante riscontra che un dato tipo di manovra da ripetutamente dei problemi, deve lasciare ad altri il timone ed eseguire personalmente la manovra, possibilmente più volte in modo da verificare le problematiche e trovare delle soluzioni, o mostrare la corretta esecuzione.

Il comandante deve delegare i vari compiti e responsabilità e non deve mai controllare l'esecuzione delle direttive date. Certamente controllerà le cose fondamentali, ma senza farsi vedere. I membri dell'equipaggio, se sanno che qualcuno controllerà non si sentono responsabilizzati e fanno i lavori in modo approssimativo, " tanto dopo ce lui che controlla". Lo skipper controllerà a distanza e se qualcosa non è fatta correttamente, ne parlerà con il preposto ma mai davanti agli altri.

La rotazione dei compiti, è molto importante, un buon marinaio deve saper coprire tutti i ruoli, anche per motivi di sicurezza. Qualcuno può soffrire per una malattia o un infortunio e deve essere sostituito. L'equipaggio rimanente, deve essere in grado di fare un recupero d'uomo in mare, di chiedere soccorso dando la posizione e di dirigersi verso un porto.

Un buon comandante, deve preoccuparsi della buona armonia tra l'equipaggio, ad esempio per evitare lunghe discussioni si può mettere un cartello :"Su questa barca è vietato parlare di politica di religione e di sesso".

Va fatta molta attenzione, nel rispettare il riposo lo spazio e la privacy altrui.

In barca l'egoismo va messo da parte, l'equipaggio deve essere un gruppo unito, in cui tutti devono essere pronti a dare una mano al compagno in difficoltà.

Glossario:

Abbozzare:Unire una cima ad un'altra con un nodo di bozza.

Abbattere la prua: Quando sotto l'azione del vento o della corrente la prua si sposta di lato in modo incontrollato.

Abbrivio: Movimento residuo dell' imbarcazione, a macchina ferma, dovuto alla velocità e alla massa (inerzia).

Addugliare: Raccogliere una cima in una matassa.

Ancora ammarrata: Quando la catena o la cima si impigliano in una marra dell'ancora e si rischia di spedarla.

Ancora incattivata o incattivita: Quando un ancora rimane incastrata sul fondo e non è possibile salparla.

Afforcare: Posizionare due ancore con due linee di ormeggio separate che formano una " V ".

Angolo di barra: Angolo formato dalla barra e quindi dal timone rispetto alla mezzaria dell'imbarcazione.

Anodo sacrificale: elemento in zinco che viene lentamente consumato dalle correnti galvaniche proteggendo così gli altri metalli (eliche, assi ecc.).

Appennellare: aggiungere una seconda ancora davanti alla principale per rinforzare l'ancoraggio.

Apnea: andare sotto acqua trattenendo il respiro.

Arare: quando un'ancora, sottoposta ad un tiro eccessivo scava un solco sul fondo, senza spedare.

Armare: tutte le operazioni carico, controllo, manutenzione che rendono operativa un' imbarcazione.

Attraccare: Manovrare per accostare e fissare delle cime a una banchina o ad un'altra imbarcazione.

Baglio: struttura trasversale che sorregge il ponte. Nel punto più largo dell'imbarcazione prende il nome di baglio massimo. Con il termine di baglio massimo si intende anche la larghezza massima dell'imbarcazione.

Banchina: Struttura per l'attracco di navi e imbarcazioni.

Barra del timone: spranga per manovrare il timone.

Barbetta: Cima d'ormeggio di prua e di poppa.

Barbotin: Parte di argani e verricelli su cui ingrana la catena dell' ancora.

Barchino: piccola barca di servizio per usi vari.

Basculante: attrezzatura in prua che basculando (oscillando) favorisce la caduta e il recupero dell'ancora.

Bassi fondali: zone con poco fondale (poca acqua) quindi con pericolo di incaglio.

Batimetrica: sulle carte nautiche, linea che unisce i punti con lo stesso fondale, in genere sono indicate le batimetriche dei due, cinque, dieci e dei venti metri.

Battagliola: Protezione, parapetto in prolungamento del fasciame, la zona della battaglia durante gli abbordaggi.

Bitta: attrezzatura usata a terra e a bordo per fissare le cime.

Boa: galleggiante fissato con una cima o una catena ad un corpo morto, usato generalmente per ormeggiarsi o come segnalamento.

Bordo: Il fianco della nave, detto anche murata.

Bottazzo: struttura in legno o in gomma a rinforzo del fasciame per proteggerlo dai colpi (le botte) durante le manovre di attracco o all' ormeggio.

Brandeggiare: spostare, far ruotare un imbarcazione o un cannone, mediante cime.

Briccole: grossi pali di legno, piantati su bassi fondali, per delimitare canali o per ormeggio.

Brocciatura: lavorazione meccanica fatta con macchina brocciatrice per creare una serie di scanalature sugli alberi di trasmissione e nel mozzo dell' elica per rendere solidali le due parti.

Queste scanalature sono dette anche " millerighe ".

Brugola: chiave esagonale maschio per bulloni con esagono incassato.

Calumo: lunghezza della catena o cima data fuori per ancorarsi.

Candelieri: Sostegni tubolari verticali posti lungo il bordo per sostenere le draglie.

Carena: La parte dell'imbarcazione immersa, detta anche opera viva.

Carico di rottura: la forza di trazione massima oltre il quale una cima o una attrezzatura si spezza. Da non confondersi con il carico di sicurezza che può essere fino a dieci volte inferiore.

Catena genovese: Catena con le maglie più allungate e quindi più economica. Usata solo per ormeggi fissi.

Catenaria: La curva tipica di una catena dovuta al proprio peso e al tiro dell'ancoraggio.

Cavalletto: Sostegno dell'asse di trasmissione fuori dallo scafo in vicinanza dell'elica.

Cazzare: Mettere in forza o tirare una cima o una manovra, a mano o mediante attrezzature.

Centro rotatorio: l'asse su cui ruota un'imbarcazione durante le sue evoluzioni.

Ceppo mobile: il ceppo delle ancore articolate su un asse, di contro quelle che non hanno articolazioni.

Chiavetta: sbarretta metallica che serve a rendere solidale l'asse con l'elica o altre attrezzature.

Chiglia: Parte strutturale nella parte centrale e più bassa dello scafo.

Cima: Cordame tessile per ormeggio, brandeggio, sicurezza, traino, da non confondersi con drizze e scotte.

Cogliere una cima: sinonimo di addugliare.

Compenso: parte del timone che sta davanti all'asse di rotazione, serve ad alleggerire lo sforzo sulla barra.

Controdado: un dado che blocca quello principale per impedire che possa allentarsi.

Cordame: insieme di gomene, cime, sagole varie.

Corpo morto: pesante blocco di cemento sul fondo di porti e baie, con attaccata una cima d'ormeggio e un gavitello. Ci si ormeggia alla ruota.

Dare di volta: fermare provvisoriamente una cima su una bitta con uno o più giri senza completare il nodo di bitta.

Dare fuori l'ancora: far filare in acqua la catena o cima dell'ancora.

Disormeggiare: Togliere le cime d'ormeggio.

Torcitura: Avvolgere su se stesso il filato il trefolo e il legnolo nella fabbricazione di una cima.

Doppino: una cima che va su una bitta o anello a terra e ritorna indietro in barca. Così si possono fare le operazioni di ormeggio e disormeggio senza scendere dalla barca.

Draglie: cavi di acciaio orizzontali, sostenuti dai candelieri lungo il bordo, per impedire le cadute in mare.

Drizze: cavi di manovra per alzare e ammainare le vele.

Falchetta: bordo di protezione lungo il perimetro della barca.

Far fare testa all' ancora: Manovrare in modo da far prendere l'ancora sul fondo.

Ferramenta: insieme di attrezzature in metalli vari e non, che compongono lo scafo, gli alberi e le manovre.

Filare per occhio: lasciar scorrere completamente una scotta o una drizza o il cavo dell'ancora fino a farla uscire dal suo alloggiamento.

Filare una cima: far scorrere una cima.

Gaffa: Asta con gancio per aiutarsi ad avvicinarsi o allontanarsi durante le manovre di accosto. Detta anche mezzo marinaio.

Galloccia: Attrezzatura fissa per fermare le cime e le manovre mediante un nodo. Simile alla bitta, di profilo assomiglia ad un gallo.

Gambetto: ferramenta a forma di "u", serve a fissare cime, catene, bozzelli ecc.

Garroccio: ferramenta per unire e far scorrere una vela sullo strallo di prua o sulla rotaia dell' albero (pattino).

Gassa: Anello formato su una cima in modo fisso o con un nodo.

Gavitello: sinonimo di boa.

Giardinetto: indica la zona a tre/quarti di poppa. Deriva dagli antichi galeoni che avevano gli alloggi del comandante nel cassero di poppa e vi erano delle terrazze una per lato dove i comandanti coltivavano delle verdure (il giardinetto), per avere delle vitamine per combattere lo scorbuto.

Golfari: anelli fissi su cui legare, rizzare.

GPS: "Global Positioning Sistem" determina in automatico la posizione mediante i satelliti.

Grani: viti senza testa (a brugola).

Grillo: sinonimo di gambetto.

Grippia: Cima che collega l'ancora al grippiale (gavitello).

Imbando: La parte di cima lasciata lasca e libera.

Impalmare: fare una legatura con filo da velaio sui capi di una cima per impedire che si sfilaccino.

Impiombare: Intreccio fisso per ottenere una gassa o unire due cime.

In bandiera: disporre le vele o la imbarcazione nella direzione del vento per offrire la minima resistenza.

In coperta: la parte coperta di uno scafo che si distingue dai ponti inferiori e superiori.

In fil di vento: sinonimo di in bandiera.

Invertitore: Parte meccanica collegata al motore che serve a invertire la rotazione dell'elica e quindi la marcia dell'imbarcazione.

L.f.t.: lunghezza fuori tutto. Quindi comprensiva di tutte le parti dell'imbarcazione.

Lato di accosto: I lato sul quale si intende accostare, che in genere sarà anche quello sul quale è più facile accostare, aiutati dall'effetto evolutivo dell'elica.

Legnoli: le cime ritorte sono formate da tre legnoli a loro volta formati da sei trefoli e questi dai filati.

Linee batimetriche: le linee sulle carte nautiche che uniscono i punti con uguale profondità.

Maglia veloce: Maniglione con chiusura a vite, molto sicuro e robusto a forma di "O".

Maretta: moto ondoso con onde irregolari, detto anche mare corto.

Marina: complesso destinato all'ormeggio di imbarcazioni da diporto.

Mascone: La zona a tre/quarti di prua.

Materiale di rispetto: cime, ancora, elica, pezzi di ricambio, per sostituire materiali persi o usurati.

Mazzetta da muratore: martello multiuso da 500 a 1000gr.

Mettere in lavoro una cima: predisporre e mettere in tensione una cima.

Mezzo marinaio: sinonimo di gaffa. Asta con gancio per tirare o respingere, durante le manovre.

Mille righe: vedi brocciatura.

Molo: manufatto atto all'attracco di navi e imbarcazioni in genere.

Moschettone: gancio con chiusura a molla molto pratico.

Murata: fianco emerso dello scafo, detto anche bordo.

Musone: ferramenta di prua per sorreggere l'ancora e l'attacco dello strallo.

Nastratura: l'uso di nastro adesivo per finire le parti terminali di una cima al posto dell'impalmatura.

Nodo a strappo: nodo finito in modo da poter essere sciolto velocemente.

Nodo d'arresto: nodi per impedire che cime o manovre possano fuoriuscire dalle attrezzature.

Nodo di bozza: nodo per poter fare forza su una cima già in tensione.

Occhio di cubia: Ferramenta di prua atta a far scorrere e trattenere lateralmente la catena o la cima dell'ancora.

Ormeggiare: Le operazioni per prendere e assicurarsi alle cime di un ormeggio.

Ormeggio: l'insieme di cavi, corpi morti catene, boe ecc. che permettono di fermare in sicurezza un' imbarcazione.

Pagliuolo e pagliolato: Pavimentazione interna di una imbarcazione, facilmente amovibile. Deriva dalle stuoie di paglia che si stendevano sul pavimento delle stive per evitare che il carico si rovinasse.

Passacavo: ferramenta a forma di "U" per trattenere e impedire che le cime per attrito si logorino o rovinino la coperta.

Passerella: Ponte mobile, in genere a poppa che serve per scendere dall' imbarcazione. Se è sul fianco si chiama scala.

Passo dell'elica: Distanza teorica percorsa dall'elica in un giro completo.

Pastecca apribile: bozzello che può essere aperto per inserire o togliere velocemente una cima senza doverla sfilare completamente.

Pescaggio: Distanza tra il pelo dell'acqua e il punto più immerso dello scafo.

Piede della trasmissione: Parte immersa che porta l'elica e contiene le tenute all'acqua, i cuscinetti reggispinta, il cambio, il riduttore.

Piede d'albero: La parte inferiore dell'albero che va ad incastrarsi nella scassa.

Plancia: locale adibito al comando della nave.

Pontile: struttura a forma di ponte su pilastri o su cassoni galleggianti, per l'ormeggio di imbarcazioni.

Portolano: pubblicazione con carte dettagliate e indicazioni utili su porti baie golfi canali fiumi ecc.

Pozzetto: Zona protetta e ribassata, con il comando del timone e delle manovre, posta a poppa e talvolta a centro barca.

Pozzo della catena: gavone a prua per la catena, l'ancora, il verricello.

Pulpito: di prua e di poppa, struttura tubolare in metallo di forma arcuata, per sostenere le draglie e proteggere dalle cadute accidentali.

Quadranti: i 360° dell' orizzonte vengono divisi in quattro quadranti di 90°.

Relais: Interruttore elettrico di potenza, comandato elettricamente a distanza.

Riduttore: Serve a ridurre i giri del motore per azionare l'elica. In genere tale riduzione è metà (1:2) o un terzo (1:3) in quanto l'elica ha un buon rendimento se ruota a meno di 800 giri/minuto. In genere riduttore e invertitore sfruttano la stessa scatola e in parte gli stessi ingranaggi.

Rizzare: l'operazione di legare, fissare il carico o attrezzature, per impedire che si danneggino per il moto ondoso o che caschino in mare.

Sagola: cordino di piccolo diametro per usi generali.

Salmone: peso da applicare alla linea d'ormeggio. Sinonimo di schiavetto.

Salpancora: Attrezzatura per salpare l'ancora.

Salvamotore: dispositivo che interrompe la corrente in caso di eccessivo sforzo (surriscaldamento) di un motore elettrico.

Sartie: cavi di acciaio che sostengono l'albero.

Scadere: Quando la prua o tutta l'imbarcazione sotto l'azione del vento o delle onde, devia dalla rotta e si sposta (scade) sottovento.

Scafo stellato: Quando lo scafo visto di prua e di poppa presenta una forma a "V".

Scarrucolare: Quando una manovra o un cavo escono dalla gola della puleggia di una carrucola.

Scostare: l'azione di allontanarsi lateralmente da un molo o banchina.

Scotta: cima specifica per manovrare le vele. In condizioni di forte vento se scappano dalle mani dei marinai meno esperti, possono provocare scottature per l'attrito.

Schiavetto: Sinonimo di salmone.

Sella: o invaso, telaio metallico usato per tenere dritte le imbarcazioni durante il rimessaggio a terra.

Sentina: Parte bassa interna dello scafo, ricoperta dal pagliolato.

Sgranare l'asse: Quando l'elica bloccata, fa uno sforzo tale sull'asse di trasmissione da tranciare la chiavetta o i grani di bloccaggio.

Skipper: Chi ha il comando di un imbarcazione da diporto.

Sopravento: tutto ciò che sta dalla parte da cui arriva il vento, rispetto alla mezzeria della barca.

Sottovento: tutto ciò che sta dalla parte dove va il vento rispetto alla mezzaria della barca.

Spedare l'ancora: far uscire l'ancora dalla presa sul fondo.

Spinnaker: Vela di prua usata nelle andature in poppa.

Staffe del motore: supporti laterali del basamento del motore che si appoggiano sui longheroni dello scafo.

Stazza : stazza netta, misura teorica della capienza delle stive in ton. stazza lorda misura teorica del volume di tutto lo scafo.

Stella morta: il tubo che permette all'asse dell'elica di uscire dallo scafo, comprensiva delle tenute e delle boccole o dei cuscinetti reggispinta eventuali. Sinonimo di astuccio. Si dice morta perché è bloccata per sempre nella chiglia.

Stroppo: corto pezzo di cima.

Superficie bagnata: la somma di tutte le superfici immerse.

Timone alla banda: dare al timone il massimo angolo di barra consentito.

Tirella: Sagola che serve per poter recuperare la cima del corpo morto.

Torcitura doppia americana: Torcitura forte nella fabbricazione delle cime ritorte che da cime più rigide ma molto durevoli.

Traguardare: osservare un oggetto in mare mediante un traguardo (una parte fissa dell' imbarcazione), per capire se vi è pericolo di collisione.

Trasmissione: l'insieme degli organi meccanici (frizione, invertitore, riduttore, giunto, asse) che trasmettono il moto dal motore fino all'elica. La trasmissione può essere: in linea d'asse o "S"drive.

Trefoli: Le cime ritorte sono formate dal filato che ritorto forma sei trefoli che ritorti formano tre legnoli che ritorti formano la cima.

Verricello: salpancora con asse orizzontale, se è ad asse verticale si chiama argano.

VHF: "Very High Frequency" onde radio ad alta frequenza. Indicano anche l'apparato radio.

Virare: cambiare la rotta di circa 90°, fino a prendere il vento sul bordo opposto.

Winch: attrezzatura che moltiplica la forza mediante ingranaggi e leve usata per le manovre sulle barche a vela. Possono essere a una due o tre velocità, manuali o elettrici.

Indice:

Capitolo 1   La crociera.   Pag. 1

Capitolo 2   Le eliche di propulsione e di manovra.   Pag. 3

Capitolo 3   Fattori di manovrabilità.   Pag. 9

Capitolo 4   Le cime d'ormeggio.   Pag. 13

Capitolo 5   Gli spring.   Pag. 26

Capitolo 6   I parabordi.   Pag. 31

Capitolo 7   Ormeggio di fianco.   Pag. 38

Capitolo 8   Ormeggi di poppa.   Pag. 50

Capitolo 9   Ormeggi di prua.   Pag. 59

Capitolo 10 Ormeggio in boa.   Pag. 64

Capitolo 11 La linea d'ormeggio.   Pag. 69

Capitolo 12 Ancoraggio.   Pag. 86

Capitolo 13 La seconda ancora.   Pag. 95

Capitolo 14 Il salpa ancore.   Pag. 103

Capitolo 15 Problemi con le cime.   Pag. 110

Capitolo 16 Barca incagliata.   Pag. 120

Capitolo 17 Sistemi di rimorchio.   Pag. 125

Capitolo 18 Manovre con poco equipaggio.   Pag. 130

Capitolo 19 Il barchino di servizio.   Pag. 135

Capitolo 20 Il comando.   Pag. 143

Glossario   Pag. 147

youcanprint

Finito di stampare nel mese di Marzo 2014
per conto di Youcanprint *Self - Publishing*

www.ingramcontent.com/pod-product-compliance
Lightning Source LLC
Chambersburg PA
CBHW081230090426
42738CB00016B/3246